U0858468

一场心灵与自然的深度对话
远离城市的喧嚣，感受大自然的神奇治愈力

夏日走过山间

[美]约翰·缪尔　著

李丹　译

吉林出版集团股份有限公司
全国百佳图书出版单位

图书在版编目（CIP）数据

夏日走过山间 /（美）约翰・缪尔著；李丹译. 长春：吉林出版集团股份有限公司，2025. 4. -- ISBN 978-7-5731-6501-5

Ⅰ. I712.64

中国国家版本馆CIP数据核字第202539MB42号

XIA RI ZOU GUO SHAN JIAN

夏日走过山间

著　　者：[美]约翰・缪尔
译　　者：李　丹
责任编辑：矫黎晗
封面设计：言　午
出　　版：吉林出版集团股份有限公司
发　　行：吉林出版集团青少年书刊发行有限公司
电　　话：0431-81629808
印　　刷：德富泰（唐山）印务有限公司
开　　本：880mm×1230mm　1/32
字　　数：125千字
印　　张：5.75
版　　次：2025年4月第1版
印　　次：2025年4月第1次印刷
书　　号：ISBN 978-7-5731-6501-5
定　　价：49.80元

黎明时分，阳光透过山峰，洒向约塞米蒂的穹顶山，点燃了山巅的轮廓。

在这片被苍松翠柏环绕的草地上，道格拉斯松鼠悠然地啃食着西黄松的松果，为这片山林增添了一抹别致的风韵。

宁静的夜幕降临时，迷人的星光洒向深邃的漏斗状山谷，使它展现出无与伦比的美丽。

在内华达山脉深处，种类不一的蜥蜴和林间的鸟儿、树梢的松鼠一起，在这片土地上快乐地生活着。它们或忙碌，或嬉戏，每一个动作都透露出顽皮和纯真。

在由雪水滋养的草地上，溪流蜿蜒而过，明亮的绿色和缤纷的花朵形成的彩带似在流动。

草地上，纤细的草叶如同丝线般铺展开来，踏上去，就像是踩在一块奢华而柔软的长绒地毯上。一条小溪悄然穿过这片花草丛生的天地，它流淌得如此轻柔，生怕打扰了这片宁静。

阳光漫染的草野间，花穗纤茎摇曳生姿，宛若缥缈的云雾，轻飘飘地悬浮在绿意盎然的绒毯之上。

在瀑布之下，有一块古老的巨石，它像一位沉默的守护者，稳稳地伫立在湍急的河流中央。下方潭水清澈，水面上时有泡沫，围成半圆形的百合花微微倾斜着，好似一群虔诚的信徒。

目录

第一章　赶着羊群过山间

在加利福尼亚的中央山谷地区，仿佛只有春夏两季。春的脚步随着十一月的细雨悄然而至，春雨唤醒了沉睡的大地，万物复苏，奇花异草竞相绽放，直至五月末，在烈日的炙烤下，植被逐渐干枯衰败，那片繁花似锦的景象便渐渐凋零了。

随着季节的更迭，羊群和牛群开始踏上通往内华达山脉（Sierra Nevada）的旅程，那里的牧场凉爽而葱郁。我的心也随之被山间的呼唤触动，然而，经济的拮据让我对最基本的生存问题感到忧虑。正当我为如何果腹这一问题焦虑不已，甚至渴望自己能像野生动物一样靠着大自然中的种子、野果充饥，不用考虑金钱和行囊，在群山间心无挂碍地游荡之际，原先和我一起共过事的羊群主人德兰尼先生出现了。

他邀请我和他的牧羊人一起带着羊群去往默塞德河（Merced River）和图奥勒米河（Tuolumne River）的源头——那正是我心之向往的地方！去年夏天去过约塞米蒂（Yosemite）山区之后，我就对那儿魂牵梦绕，所以只要能进山，无论让我做什么工作，我都愿意。他跟我说，雪化了就赶着羊群上山，穿过连绵的森林，在合适的地方停上几个礼拜。我觉得，放牧的地方肯定能成为我理想的观察地，让我能够探索方圆八到十英里的植物、动物和岩石。他向我保证，我将有足够的时间来进行我的研究。但经过一番思想斗争，我还是坦言我并非理想人选，毕竟我对高山地形、河流以及潜在的羊群天敌都不甚了解，对自己能否应对熊、土狼、河流、峡谷以及满是荆棘的灌木丛带来的挑战没有信心。幸运的是，德兰尼先生似乎并不在意这些潜在的劣势，他认为最重要的是营地有一个可靠的人，监督牧羊人尽职尽责地工作。他鼓励我，那些看似棘手的困难将随着我们的前进而逐渐消散。他还告诉我，牧羊人将负责所有的放牧工作，我可以把精力都用在研究植物、岩石、地貌和风景上。他还打算跟我们一起去往首个主营地，并会时常到更高地带的营地看望我们，为我们送补给。尽管我看到那些傻乎乎的羊一只接一只地通过羊圈的狭窄大门时仍然心有顾虑，担心这两千零五十多只羊中有不少将无法顺利返回，但我还是决定抓住这个机会，开始一段全新的山间之旅。

幸运的是，一只圣伯纳犬将与我们为伴。它的主人是个猎人，和我只有几面之缘，一听说我要去山上度夏，就找上门来，希望我能带上他心爱的卡洛一起上山。他担心卡洛如果整个夏季都留在平原，会被酷热夺走性命。“我相信你会善待它，”他说，“我也确信它会成为你忠实可靠的帮手。它熟悉山里的动物，了如指掌，能守护营地，协助管理羊群。”卡洛似乎意识到我们在说它，目不转睛地盯着我们，专注地聆听着，我甚至怀疑它听懂了我们的对话。我轻唤它的名字，询问它是否愿意与我同行。它用那充满智慧的目光凝视着我，然后转向它的主人，直到主人向我挥手示意，并温柔地拍了拍它和它告别，它才平静地跟在了我的身后，仿佛它完全了解了我们的计划，并且早已与我结下不解之缘。

1869 年 6 月 3 日

一早，我们把食物、炊具、毛毯、压草机等装备仔细地绑在两匹马背上。羊群在棕黄色的山丘间缓缓移动，我们跟随着它们，踏着尘土飞扬的小径，悠然前行。德兰尼先生，身材修长，轮廓分明，颇有几分堂吉诃德的风采，牵马走在前面；比利，那位高傲的牧羊人紧随其后；同行的还有一位中国人和一位迪格尔族印第安人，他们会在最初几天帮我们在灌木丛中开路并驱赶羊群；当然，还有总是把笔记本别在腰间的我。

我们从图奥勒米河畔的农庄出发，那里靠近弗伦奇湾（French Bar），山丘由含金的变质板岩构成，逐渐延伸至中央山谷的沉积岩层。我们才走了不到一英里，羊群里那几只老领头羊就开始表现出对去年夏日高山草场的怀念，它们急切而好奇地昂首向前奔跑着。很快，期待和兴奋的气氛传遍了整个羊群，母羊呼唤着自己的孩子，小羊羔以近乎婴孩的声音回应着，这温暖而颤抖的呼唤声的间歇，它们也不忘偶尔匆匆啃上几口草。在穿越这些小山丘时，尽管周围充满了乱哄哄的“咩咩”声，但每一只母羊和小羊羔都能轻松地从这一片混乱中辨认出彼此的声音。倘若有哪只疲惫的小羊羔在尘土飞扬中打了盹儿，没能及时做出回应，母羊就会掉头向后，回到最后一次听到声音的地方不停地寻找，直到在成百上千只在我们看来长得别无二致、叫声也没什么不同的小羊羔中找到自己的孩子，才肯罢休。

羊群缓缓行进，速度大约是每小时一英里，它们排成不规则的三角形，底边长约一百英尺，而尖端则延伸至一百五十英尺开外。

这个不断变化的尖端，由最强壮的领头羊组成，它们和那些活跃在羊群边缘的羊儿一起，急切地在岩石和灌木丛中寻找着嫩草。小羊羔和体质较弱的老母羊跟在队伍后头，组成了羊群的底端。

正午的阳光炙烤着大地，热浪滚滚，羊群在树荫下急促地呼吸着，仿佛在寻找一丝凉意。我们的目光穿过那朦胧的热浪，急切地搜寻着，希望能看见白雪覆盖的山峦、潺潺的小溪，但却遍寻不见。目之所及，只有连绵起伏的山丘，偶尔有几丛灌木和树木点缀其间，还有爬满青苔的页岩石板，突兀地插在草地上，像是被遗忘的古老墓地上的墓碑。这里的树木大多是蓝橡树（Quercus Douglasii），它们高耸入云，有三十至四十英尺高，叶子呈现出一种淡雅的蓝绿色，树皮则洁白如雪。它们零星地生长在最贫瘠的土壤以及野火尚未蔓延到的岩石缝隙之中。除了这些橡树及石兰和美洲茶等几种灌木，山丘上的植被和平原地带相差无几。记得早春时节我来这儿的时候，这里是一个充满生机的花园，鸟语花香，蜂飞蝶舞，花朵竞相绽放。然而，夏日酷暑让这片土地显得格外荒凉：地面干裂，蜥蜴在岩石间穿梭，成千上万只蚂蚁组成的蚁群忙碌收集着食物，为了生存而奔波，在高温下显得更加生机勃勃。在如此炽热的阳光下它们居然没被瞬间烤焦，简直是一个奇迹。响尾蛇往往蜷缩在隐蔽的角落里，很难见到。平日里喧闹的喜鹊和乌鸦此刻也沉默了，它们聚在树荫下，张着嘴巴，垂着翅膀，似乎连呼吸都困难；鹌鹑试图躲在仅有的几个碱水坑的阴凉处乘凉；棉尾兔在灌木丛中跳跃，从一个阴凉处奔向另一个阴凉处，偶尔还能看到长耳兔在开阔地带优雅地奔跑。

在林间稍作休息之后，我们带着略显疲倦的羊群，再次踏上了穿越山丘灌木丛的旅程。然而，我们此前依赖的那条模糊小路，在关键时刻竟不见了踪影，我们不得不停下脚步，四处张望，试图辨别前行的方向。同行的中国人以为我们迷了路，用他那洋泾浜英语喋喋不休地抱怨着“小棍子（灌木丛）”的茂密，印第安人则默不作声地扫视着连绵起伏的山脊和沟壑，试图找到通路。我们艰难地穿过那片布满荆棘的树林，终于找到了一条通往科尔特维尔的小径。沿着这条小径走了一个钟头，我们总算赶在日落前抵达了一片能过夜的旱牧场，便决定在那里安营扎寨。

在山丘之上，与羊群一起安营扎寨，虽然简便但却与惬意沾不上边。夕阳西沉，羊儿们在牧羊人的看护下，在近处自由地觅食；其他人则忙着拾柴、点火、做饭、卸鞍、喂马。夜幕降临，疲惫的羊群自发地聚集在营地旁宽敞的高地上。每一只母羊都找到自己的小羊羔，哺乳完毕，就会卧下休息，直至次日一早，无须再费心照料。

日暮时分，一声亲切的“开饭啦”打破了宁静。我们围坐一圈，手持锡盘，直接从铁锅中分取食物。饭桌上，话题围绕露营展开来，自然离不开牧羊趣事、矿山奇遇、狡猾的土狼和巨熊之类的故事，还有那些淘金岁月中令人难以忘怀的冒险。一旁，印第安人静默如影，一言不发，似乎与这热闹的世界格格不入。餐后，喂了卡洛，吸烟的人围坐在篝火旁，享受着烟草带来的放松。在食物与烟草的双重作用下，人们的脸上逐渐显露出一种几近神圣的宁静，那是一种圣人陷入沉思之际才会有的神采。突然，有人仿若从睡梦中苏醒一般，发出一声叹息，轻轻敲去烟斗中的烟灰，凝视着火堆，打了个哈欠，轻声道：“睡吧，该睡觉了。”随即，人们各自离开，缩进了毛毯里。火堆渐渐由旺转衰，星星在夜空中愈发明亮；偶尔，浣熊、土狼和猫头鹰的叫声打破夜的寂静，而蟋蟀和雨蛙则以它们的旋律，为这夜的宁静添上欢快的乐章，仿佛它们是夜色中不可或缺的一部分。在这和谐的乐音中，偶尔传来几声咳嗽和鼾声，为这宁静的夜晚增添了一丝生活气息。星空下，羊群静静地躺卧着，宛如一大片铺开的灰色绒毯。

6 月 4 日

破晓的微光刚刚洒落在营地上，一切便开始苏醒。早餐的香气在空气中弥漫，咖啡的浓郁、培根的焦香和豆子的醇香交织在一起，唤醒了沉睡的人们。吃过早饭，大家迅速且有序地忙碌着，碗碟的清洗声和行囊的打包声，共同构成了清晨的序曲。随着第一缕阳光升起，羊群也开始了它们的合唱，母羊一站起身，小羊便欢快地跳跃着奔向母亲吃奶。千百只小羊吃饱之后，羊群便逐渐散开，开始悠闲地啃食青草。饥饿的公羊总是最先行动，它们急躁地在羊群周围徘徊，却不敢远离大部队。比利，迪格尔族印第安人和中国人一直耐心地引导着羊群，沿着那条熟悉的道路缓缓前行，他们走上四五百米就会停下来，找个宽阔地带让羊群觅食。不过，由于此前已经有几拨羊群经过，所以留下的只是光秃秃的山丘，几乎没有绿叶或干叶供羊群享用。于是，我们只能赶着饥饿的羊群迅速穿过这片炎热而荒芜的山丘，尽快前往二三十英里外的绿色牧场。

“堂吉诃德”牵着驮行李的马匹，肩头扛着沉甸甸的步枪，随时准备应对熊和狼的威胁。今天依旧炎热难耐、尘土飞扬，我们穿过平缓的棕色山丘，山上的植被和昨天区别不大，只是多了些加州大子松（Pinus Sabiniana），它们或聚成小树林，或点缀在蓝橡树间。这些树有的在十五至二十英尺高处分出两枝或更多侧枝，有的斜向伸展，有的直立向上，枝丫杂乱，针叶细长呈灰色，几乎没有树荫。整体上看，它们更像是棕榈树而非松树。它们的松果硕大，长六七英寸，直径约五英寸，落地后久久不腐，因此树下铺了一层松果。这些松果燃烧时，会发出迷人的树脂光芒，是我见过的仅次于印第安玉米穗的最好的篝火燃料。堂吉诃德先生对我说，迪格尔族印第安人喜欢大量采集这种坚果作为食物。它们的大小以及外壳的坚硬程度都与榛子相似——果仁可以果腹，果壳能生火，真是大自然的恩赐。

6 月 5 日

清晨，赶着羊群在山间走了几小时后，我们抵达了此行具有标志性意义的第一处平地——皮诺布兰科峰（Pino Blanco）侧面的平台。这里的加州大子松引起了我极大的兴趣，它们风姿轻盈，形态奇特如棕榈树，让我忍不住想把它们的美丽身影画在画布上。我心潮澎湃，久久无法平静，最后只寥寥画下皮诺布兰科峰的风景：山峰西南侧有一片小小的农田和葡萄园，一条小溪灌溉着这片土地，溪水沿着峡谷缓缓流淌，最终在山崖上形成了一道迷人的瀑布。

登上山顶平台，虽然海拔只有千余英尺，但心中却油然生出了一股愉悦感。片刻间，默塞德河谷马蹄湾（Horseshoe Bend）的壮丽景色就悄然呈现在了我的眼前，荒野中的美景仿若千万声的呼唤回荡在耳边。首先映入眼帘的是近处陡峭的斜坡，阳光洒落在开阔地带，坡上松树林和石兰灌木丛错落有致，点缀其间；远处，层层叠叠的山丘和山脊秀气地铺展开来，形成隆起的山峦，上面覆盖着一层密密麻麻的灌木丛。这些灌木，主要是茂密的丛状田下蓟，它们密集又整齐，宛若给这片景致铺上了一层柔软细密的绒毯，中间没有一棵树或一块裸露的土地。极目远眺，绿色的海洋一直延伸至天际，它连绵起伏，就像是遍布着苏格兰杜鹃的旷野。这片土地的美，既在于其雄伟的线条，也在于其繁复的细节。巍峨的高山汇聚成群，闪亮的河流蜿蜒点缀其间，河水冲刷出优雅的弯道，不留一丝突兀的岩石棱角，仿佛用细砂纸精心打磨过一般。这片美景匠心独运，宛如被大自然雕刻出的完美作品。它的美，拥有如此震撼人心的力量！我心怀敬畏地凝视着眼前的一切，恨不能为此放弃所有。我情愿用我的全部精力，探索那些塑造这些山石、植被、动物以及壮丽景色的自然神力。美，无处不在，不管是过去还是未来，一直在被创造，并将永远被创造下去。我凝视着，渴望着，赞美着，直到那群扬起尘土的羊群和行囊消失在视野之中，我才匆匆记下几笔笔记，画下一幅素描。我觉得笔记、素描简直是多余的，因为这片神圣的风景，它的色彩、线条和风情已经深深烙印在了我的心灵深处，而且必将永远清晰。

这个迷人的傍晚，凉风习习，万里无云，却上演着一幕我从未见过的奇景——树木和灌木丛间，飘荡着一团团闪着白光的物质，与其说它们是传说中的“野火”，不如说它们更像是威斯康星草原上那些活泼跳跃的萤火虫。马尾的鬃毛一根根散开，我们的毯子也时而擦出火星，这些都在无声地提醒我们，空气中弥漫着大量静电。

6月6日

穿过连绵起伏的丘陵，翻过重重叠叠的高山，我们终于登上了山脉的第二平台高原。在这里，植被随着地势的升高发生了变化，呈现出了物种的多样性。在开阔地带，虽说仍然长着不少低地地带的植物，但蝴蝶百合及其他色彩斑斓的百合属植物竞相绽放，那些低地地带特有的蓝橡树已经被大量加州黑栎取代。这种乔木很高大，树叶边缘开裂，枝丫众多，树冠丰满厚实，树形优美，看上去十分壮丽。当我们逐渐攀升至约两千五百英尺的高处时，眼前豁然开朗，首先映入眼帘的是一片壮观的针叶林，其中大部分是西黄松，间或点缀着几株挺拔的兰伯氏松。此刻，我们仿佛与山峦融为一体，大山的气息渗透进我们的心房，唤醒了内心深处的激情，我们的每一根神经都在跳动，每一个毛孔、每一个细胞都在欢呼。我们的身体，这具血肉之躯，在清新的空气中变得轻盈透明，与周围的树木、溪流、岩石、空气以及阳光的律动完美融合——我们成为自然的一部分，岁月的侵蚀、疾病的纠缠仿佛都已远去，只剩下永恒的不朽。在这一刻，我们仿佛超越了生老病死，我们仿佛和大地、蓝天一样，既不需要呼吸，也不需要食物！这种转变是如此彻底、如此神秘，几乎抹去了所有过往的束缚，我们仿佛生来就是这自然的一部分，永恒且自由。

穿过松林间的一片开阔草地，我不经意间望见了约塞米蒂之上、默塞德河源头的雪峰。在湛蓝的天空的映衬下，蓝天下的山峰轮廓格外分明，它们似乎是在召唤我，那力量强烈到几乎让人无法忽视。我能踏上那雪峰之巅吗？我愿日夜祈求，期盼自己能够抵达那片圣地，尽管这愿望美好得似乎有些遥不可及。一定有这样一些人，他们生来就是为了探索这些圣洁的山脉，而我，只能尽己所能，在这片充满爱的山峦中徘徊。幸运的是，我能作为最谦卑的仆人，在这神圣的荒野中，感受它的恩赐。

在科尔特维尔附近的一片阴凉下的丛状田下蓟灌木丛中，我邂逅了一株惹人怜爱的白花仙灯百合（Calochortus albus），它与智利铁线蕨（Adiantum Chilense）共生。那洁白的花朵，内侧基部泛着淡淡的紫色，晶莹纯净如冰雪，似乎在向路人诉说着它的圣洁。每一次的凝视，都能净化人的心灵，让人倾慕不已！这样的花中仙子，足以让最粗犷的登山人变得温文尔雅。只要有它在身边，即便世间万物全部消失，也不足为惜。

午后时分，我们路过了一片被苍松翠柏环绕的草地。这里，尖顶的西黄松林立，间或有几株挺拔的兰伯氏松。兰伯氏松的枝叶如羽翼般展开，枝丫耸入云端，和西黄松形成了鲜明的对比。兰伯氏松的果实有十五至二十英寸长，如同流苏般挂在枝头，为这片山林增添了一抹别致的风韵。在格里利锯木厂，我看到过兰伯氏松的原木，它们浑圆规整，就像是在车床上精心打磨过一般，只有底部砍伐的地方略显参差。兰伯氏松散发出的树脂香气，甜美而清新，使得锯木厂和木材厂都沉浸在这宜人的芬芳之中。在这片松林下，细长的针叶和硕大的松果覆盖了整个地面，每棵松树脚下都散落着松鼠啃食后留下的松果鳞片、种翅和果壳，这些东西堆在一起，构成了一幅生动优美的画面。松鼠们巧妙地从松果的底部下嘴，每个鳞片下面都藏着两颗种子，每颗松果中有一百到两百颗种子，足够它们享受一顿盛宴。道格拉斯松鼠在啃食西黄松的松果以及别的松树的松果时，都会先将松果倒立，然后不断地转动松果，直到松果的鳞片被剥离开来。松鼠们在享受美食的时候往往背靠树干坐着，大概是为了保持警觉。令人惊讶的是，它们在享用美食的过程中从来不会沾上一丁点树脂，爪子和胡须总是干干净净的，就连留下的松果残渣堆在一起，看上去也相当整洁美观。

我们渐渐步入了那个云海翻滚、溪水潺潺的地方。正午的阳光下，约塞米蒂上空，壮观的白色积雨云如同悬空的喷泉，为广袤的荒野注入了一股清新的气息；珍珠般的云山孕育出了溪流，为这片土地投下清爽的云影，也洒下了最甜美的甘霖。云朵变幻莫测，美轮美奂，即便地上的岩石再鬼斧神工，也难与其比肩。云团形成的穹顶和山峰渐渐升高、膨胀，洁白如最纯净的大理石，线条流畅，轮廓分明，是大自然留给世间最宏伟的建筑。每一团云，哪怕是转瞬即逝的积雨云，都会在其短暂的停留中留下深刻的痕迹，滋养树木和花朵，充盈溪流与湖泊，甚至会在岩石上留下它的印记——即便人类的目光不能全部捕捉到。

自从在马蹄湾第一次见到丛状田下蓟，这种奇特且充满生命力的灌木就成功引起了我的注意。它在科尔特维尔一带的第二阶高原上茂盛地生长着，形成了一片茂密得难以穿越的林带，远远看去，幽暗又神秘。这种蔷薇属植物，高六至八英尺，开着精致的白花，花序可长达十二英尺。它那圆形的针状叶片，和随着时间流逝逐渐纤维化的红色树皮都很独特。丛状田下蓟在阳坡顽强地生长着，隔三岔五的野火侵袭，总会把山坡上的植物烧个精光，但它们总能从根部迅速恢复生机。而这，或许正是丛状田下蓟能够广泛分布的秘诀所在。

在这片土地上，少量的熊果灌木，以及球茎深埋能够躲过山火的以酒神菊属、麻菀属为主的菊科植物，还有一些百合科植物，也都像丛状田下蓟一样，生命力旺盛，即使经过山火的洗礼，依然能够从根部焕发生机。这些植物不仅自身生命力极强，而且以其形成的茂密灌木丛为众多鸟类和一些体形小巧、生性胆怯、体表光滑的动物提供了一个栖身之所。当冬季的风暴无情地将鹿群从高山牧场驱赶下来，这些灌木丛边缘的开阔地带和小路便成了它们的避难所，并为它们提供了赖以生存的食物。这些植物展现出的生命力和适应力，真是令人叹为观止！如今，它们正值盛花期，我要把它们那美丽芳香的花朵别在衣襟上，就像是大自然赐予我的一份珍贵礼物。

在清凉的溪流边，西洋杜鹃（Azalea occidentalis）以其迷人的风姿茁壮成长，它们一般生长在约塞米蒂的高海拔地区。今晚，我们在格里利锯木厂上游数英里的地方安营扎寨，周围的西洋杜鹃正开着花。这些杜鹃之所以备受喜爱，不仅因为它们的花朵艳丽、芬芳扑鼻，更因为它们总是长在桤木和柳树的荫凉之下，和草地上的蕨类及潺潺流水为伴，可以为旅途中的人们提供一个宁静且清凉的落脚点。

今天，还邂逅了一种名叫香肖楠（Libocedrus decurrens）的针叶树，它们是森林中的巨人，披着温暖的黄绿色叶衣，叶片扁平，羽状排列，与侧柏有几分神似，树皮色泽如肉桂，老树的树干光滑无枝。阳光洒在香肖楠上，金光闪闪，与庄严的兰伯氏松和西黄松相得益彰。我不由得爱上了这种树，它那棕褐色的木材，纹路细密，和叶子一样散发着淡淡的香气。那扁平重叠的羽状叶片，可以用来铺床，也能用来遮风挡雨。在这些高贵、热情、好客的老树底下，即便风雨交加，肯定也不失为一种乐趣，它们宽阔低垂的枝叶，像帐篷一样为旅人遮挡风雨；掉在地上的干燥树枝不仅能供人生火取暖，那袅袅升起的青烟，伴随头顶呼啸而过的风，构成了一幅动人的自然画卷。只是今夜风平浪静，我们的营地也不过是一个紧邻默塞德河北岸支流的牧羊地。夜风吹拂，似在诉说高山的秘密，讲述雪山的壮丽、花园的缤纷、森林的幽深和树丛的静谧；就连山的轮廓，也仿佛在风声中若隐若现。那些星辰，宛若天空中绽放的百合，比我们在低海拔地区看到的更加璀璨夺目！地平线被一排尖顶的松树环绕，它们彼此相连，排列整齐，构成了一幅清晰、和谐的图景，宛若阳光写下的神圣文字。我多希望能读懂它们的含义啊！流经营地的小溪，在蕨类、百合和桤木间弹奏着悠扬的旋律，而矗立天边的松树，也谱写着动人的乐章，但更像是一场视觉盛宴。这里的一切，都如此神圣、美丽。即使只有面包和清水，我也愿意永远留在这里。我对这片土地的爱意日益增长，即便和亲朋好友远隔千山万水，我也觉得仿佛跟他们更加亲近了。

6月7日

昨晚，羊群不幸染病，到今天还有不少没有恢复，连离开营地的力气都没有。它们咳嗽连连，哀鸣不止，看起来既痛苦又无助，这一切都是因为它们误食了杜鹃叶，至少牧羊人和“堂吉诃德”是这么认为的。自从离开平原，羊儿们几乎没吃到什么嫩草，饥饿难耐之下，便吞下了所有能找到的绿色植物。牧羊人说杜鹃是“羊的毒药”，他很是不理解，造物主在创造这种植物的时候究竟在想什么。从这件事上不难看出，现如今，牧羊业是多么盲目和堕落，要知道，在过去，牧羊曾一度被认为具有净化人心的力量。在加州，牧羊人非常急功近利：草场是免费的，加之得天独厚的气候条件，他们发现无须为羊群准备过冬食物，也不用搭建羊圈或谷仓，便可以用很低的成本饲养大量的羊，从而获得丰厚的利润。据说，投资进去的钱每隔一年就能翻一番。这种轻易得来的财富往往会激发人们对更多财富的渴望，所以，这些可怜的牧羊奴被羊毛蒙住了眼，根本看不见除此之外的任何美好事物。

至于牧羊人，情况只会更加糟糕，尤其是在冬天，他得孤身一人守着简陋的小屋。当然，他偶尔会为心中那股渴望拥有羊群、发家致富的梦想所鼓舞，但现实的残酷往往只会把他拉入堕落的深渊。究竟是什么让他堕落？答案其实并不难找：他大部分时间都过着与世隔绝的生活，对大多数人来说，孤独是难以忍受的煎熬。他也很少有机会进行有益心智的活动，更不可能通过阅读来寻找慰藉。每当夜幕降临，他拖着疲惫的身躯回到昏暗的小屋，那里没有什么东西能够平衡他的生活与浩瀚宇宙之间的关系。经过一天与羊群为伴的乏味生活，他面对的下一个任务是准备晚餐。疲惫使他倾向于应付了事，随意地拿起手边的食物来填饱肚子——或许没来得及把面包烤好，于是就用沾满油渍的旧煎锅，匆忙翻弄几个油乎乎的饼，煮上一壶茶，偶尔也会煎上几片早已变质的培根。他的小屋里常备干桃或干苹果，但他往往懒得去弄，匆匆吞下那些培根和煎饼，随后就靠着烟草带来的轻微麻醉感来逃避现实的困境。最后，他就这样上床睡觉，有时甚至连白天的脏衣服都不脱。这样的生活无疑会妨碍他的健康，也会侵蚀他的心灵。在几个礼拜甚至几个月的与世隔绝的情况下，他变得精神恍惚，甚至会精神失常。

在苏格兰，牧羊人几乎不愿意接受牧羊之外的任何工作。他与这片土地血脉相连，往往出生在牧羊世家，好像和那些忠诚的牧羊犬一样，生来就继承了对这份职业的热爱和才华。他只需照料一小群羊，能时不时与家人和邻里相见，晴朗的日子里还能抽出时间阅读几行文字，甚至常常带着书去田野间放羊，一边干活一边和书里的智者进行心灵对话。传说在东方，牧羊人能唤出每一只羊的名字，而羊儿们也能辨别出他的声音，听从他的指挥。这样的羊群必定数量不多，管理起来也相对容易，这使得牧羊人有闲暇在山坡上吹奏乐器，享受阅读与沉思的时光。然而，无论古今中外的牧羊文化多么丰富多彩，据我所知，加州的牧羊人却鲜有能长期保持头脑清醒的。在自然的交响乐中，“咩咩”的叫声几乎成了他们能听到的唯一音符。只要细细聆听，即使是土狼的嚎叫，没准也蕴含着生命的福音，但对于那些满眼只有羊毛和羊肉的人来说，这些美妙的自然之声却显得如此遥远，对他们的心灵没有一丝一毫的触动。

生病的羊儿们逐渐恢复了活力，牧羊人还在滔滔不绝地讲述着高山草场上潜在的致命毒物：杜鹃、石南科植物和土里的碱。跨过默塞德河的北支流后，我们向左转，朝着派勒特峰（Pilot Peak）的方向，沿着山脊攀援而上，穿过满是岩石和灌木丛的小径，终于抵达了布朗平原（Brown's Flat）。在这里，羊群总算吃到了离开平原后的首顿新鲜绿草大餐。德兰尼先生想在这一带找一处可以待上几个礼拜的长期营地。

晌午时分，我们来到了鲍尔洞（Bower Cave）。它与那些阴暗潮湿的洞穴截然不同，阳光从南边的宽阔入口倾泻而下，照得这里宛如一座光彩夺目的大理石宫殿。洞里藏着一湾深邃湛蓝的小湖，湖岸铺满了翠绿的苔藓，四周环绕着茂密的阔叶枫树，凡此种种，全都藏在地下，与我在遍布洞穴的肯塔基州所见的洞穴截然不同。这处别致的地下景致，坐落在一条据说贯穿山脉南北的大理石带上。大理石带沿着山脉延伸开来，沿途还有许多别的洞穴，据我所知，没有一个洞穴能如鲍尔洞这般，兼具阳光下的明媚景致、葱郁的植被景观与晶莹剔透的地下世界。一个法国人宣称这个洞穴是他的私人财产，他圈地畜栏上锁，在湖面上放了一叶小舟，在枫树荫下摆上了座椅，向每位访客收取一美元的门票。鲍尔洞坐落在通往约塞米蒂的必经之路上，也是游览约塞米蒂时不容错过的一站，所以每当夏季来临，游客络绎不绝。

从丘陵到海拔三千英尺的高处，西部毒栎随处可见，它们既是灌木，也可攀缘，或聚在一起形成灌木丛，或攀附在树木、岩石之上。对许多旅人来说，这种植物会给旅途带来一点小麻烦，因为它可能会引起皮肤和眼睛的不适，但它能与周围环境和谐共生，许多美丽的花朵都愿意依偎在它的身旁，寻求庇护和阴凉。我时常见到一种奇特的蔓百合（Stropholirion Californicum）缠绕在它们的枝干上，二者和谐相处，十分融洽。羊儿们似乎对它并无不良反应，大口嚼食；马儿虽然不太喜欢它，但偶尔也会吃上两口。对大部分人来说，这种植物是无毒无害的。然而，就像大多数看上去对人类无益的事物一样，它几乎没有朋友。人们常常盲目地质疑："它究竟为何而存在？"却很少想到，它或许只是为了自己而存在。

布朗平原是一片葱郁肥沃的浅谷，坐落在默塞德河北支与布尔溪（Bull Creek）的分水岭顶部。无论从哪个角度看，这里的景色都十分壮美！这里是勇敢的探险先驱大卫·布朗的大本营，他在这里待了多年，并把大多数时间花在淘金和狩猎上。还有什么地方比这里更适合离群索居的猎人呢？森林里猎物众多，岩石中蕴藏金矿，空气清新，既有利于健康又能让人充满活力，天空的色彩和变幻的云朵在任何天气下都能激发人的无限灵感。尽管大卫跟不少先驱一样，都很务实、老练，但他对风光的热爱，却远超那些人。德兰尼先生很了解大卫，他说大卫特别喜欢登高望远。他说大卫总会举目四望，欣赏远处的森林，洁白的雪山，河流的源头，以及近处山谷和沟壑的美景；还能通过小屋和营地的炊烟、斧头的声响来判断矿工们在何处开矿以及哪里是荒废的矿山；每当听到枪声，大卫都会判断，究竟是迪格尔族印第安人在狩猎，还是盗猎者来犯。大卫的爱犬名叫桑迪，总是与他如影随形，这个毛茸茸的山地猎手不仅对主人忠诚至极，而且对主人的狩猎活动非常热爱。追逐鹿群时，桑迪似乎并没有太多表现的机会，只是默默地跟在主人身后，像主人一样缓步在林间穿行，小心翼翼地避开那些可能发出声响的枯枝。它总是专注且敏锐地扫视着周围的灌木丛，因为鹿儿们往往会趁着晨光或暮色在这些地方觅食。主人选定并抵达新的观察点后，它会小心翼翼地侦察山脊和溪流两旁的草地。不过，当狩猎的目标变成熊时，桑迪就显得至关重要了。正因为桑迪的存在，布朗才成为远近闻名的猎熊高手。德兰尼先生说，布朗的狩猎策略十分简单：他带着爱犬、步枪和几磅面粉，悄无声息地穿行在熊类最爱出没的草场，一旦发现熊的踪迹，就紧追不舍，无论耗费多少时间。熊走到哪里，桑迪就追到哪里，哪怕是在崎岖不平的岩石地上，桑迪那灵敏的嗅觉也绝不会出错。每当抵达视野开阔的高地，他们就会仔细搜寻熊最可能藏身的地方。即使不同季节熊的出没地一直在变，但猎人凭借丰富的经验，早已掌握了它们的行踪规律：春天和初夏，溪畔、水边的开阔地带上苜蓿和羽扇豆竞相生长，熊会在这些地方自由嬉戏，或者在干草地上享受大自然提供的草莓大餐；夏末，山脊上的熊果灌木果实累累，熊便坐定，用它们灵活的爪子扯下挂满果实的枝条，贪婪地将果实连同枝叶一并塞入口中；初秋，松鼠咬掉之后丢在松树下的松果是熊的最爱，偶尔，它们也会攀上树梢，用强壮的身躯摇晃那长满果实的枝丫；深秋，橡果飘香，峡谷中的加州橡树林就成了熊的最爱，是它们觅食的乐园。老练的猎人了解熊的习性，对他们而言，寻找熊的踪迹就是小菜一碟，几乎从未失手。当危险的猎物悄然靠近时，猎人会站在原地，不慌不忙地审视复杂的地形与植被分布，试图捕捉那只毛茸茸的游走动物的身影，最起码得推测出它们最可能出没的地方。

猎人深知，如果能在熊察觉之前先行发现它的踪迹，那么事情就基本算成功了。他会细致地审视地形，不惜迂回绕道，只为从下风区悄悄接近猎物。他会在下风区距离猎物几百码的位置找一棵自己能轻易爬上却承受不了熊的重量的树。这个过程必须保证脚步轻盈，不发出一点声音，直至距离近到能将猎物一拳击中。这时，他会检查自己的步枪是否上了膛，脱下靴子，以便在必要时能迅速爬到树上。紧接着，是耐心地等待熊转身，露出易于瞄准的侧面。要是熊察觉到危险，准备发起攻击，猎人就会迅速爬到树上躲避。好在熊的反应一般比较迟缓，加之猎人处在下风区，所以熊往往很难嗅到他的气味，这让猎人总能在熊察觉之前连开两枪。熊一旦被枪打伤，就会往灌木丛里逃。为保证安全，猎人会让熊先跑一会儿再追上去。桑迪总能迅速找到熊的尸体，要是熊没死，它就会用叫声吸引熊的注意，甚至不惜冲上前去，分散熊的注意力，为猎人争取安全射击的机会。猎熊，只要遵循安全之道，通常不会遇到什么危险，但世间万事，总有意外。熊一般会避开人类，然而，如果它是一只饥肠辘辘且护崽心切的母熊，往往会主动发起攻击，把人吃掉。这大概是大自然的平衡之道，毕竟人类也捕食它们。但据我所知，这一带还没有人真被熊抓住吃掉的。

我们到的时候，布朗已经离开了他的山中小屋，但还有几位迪格尔族印第安人留在平原边缘地带的雪松皮窝棚里。最初，他们是被这位白人猎户吸引才来定居的，他们渴望得到他的指引和庇护，以对抗他们的宿敌——派尤特印第安人，后者时常从山的东面翻过山来，掠夺迪格尔族印第安人的财物，甚至掳走他们的妻子。

第二章　在默塞德河北支扎营

6月8日

羊群一边悠闲地吃草一边缓缓向默塞德河北支的山谷走去，随后我们来到了“堂吉诃德”精心挑选的第一个营地。这是一个由河湾两岸的山坡环绕而成的漏斗形山谷，风景很美。在这宁静河岸的树荫下，我们搭起架子来放置餐具和食物，也在这片开阔的平地上为羊群筑起了畜栏。

6月9日

昨夜，在群山的怀抱中，我们伴着树木的低语、星辰的闪烁，伴着瀑布的庄严乐章和自然界的温柔细语，缓缓进入梦乡，宁静又安详。今天是我们在高山的第一天，晴空万里，碧空如洗，时间似乎也放慢了脚步，一切显得原始又和谐。沿着蜿蜒的河流，我们漫步在山丘之上，春天的气息在这里蓬勃展开，大自然正以一种盛大而奢华的姿态庆祝着新生：雏鸟在巢中欢快地歌唱，新长出翅膀的幼鸟在天空中自由翱翔，新长出的叶子、新开放的花朵在角落悄然绽放，大地洋溢着欢乐的气息。

营地四周，树木葱郁，为蕨类和百合提供了一片阴凉的庇护所。而在远离河岸的开阔地带，阳光肆意挥洒，唤醒了草地，叫醒了鲜花，它们蓬勃生长，形成了一幅壮丽的画卷。高挑的雀麦随风摇曳，宛如竹林中的细竹，菊科植物、薄荷、蝴蝶百合、羽扇豆、吉利属植物、紫罗兰，星罗棋布，在阳光的照耀下，如孩童般欢快地生长着。用不了多长时间，所有蕨类的叶片都将舒展开来，凤尾蕨和狗脊蕨将覆盖河畔。在阳光照耀的岩石上，旱厥属和碎米蕨属茁壮地成长着。一些狗脊蕨的叶片长得异常高大，足有六英尺。

在兰伯氏松的荫庇下，一种娇小的蔷薇科灌木，铺就了数英里的黄绿色地毡，它纯净无杂，不与其他植物混生，看起来十分齐整。偶尔会有一株华盛顿百合在这片平整的绒毯上轻轻摇曳，还有几簇高大的雀麦点缀其间。这种精致的地毡灌木，生长在海拔两千五百英尺至三千英尺的地方，高度仅及膝盖，枝条呈黄棕色，最粗的茎秆也不过半英寸。它们的叶子呈浅黄绿色，三瓣羽状叶片，轮廓清晰，上面还有一些微小的腺体，分泌出的蜡质散发着独特的香气，与松树略带辛辣的气味完美融合。它们的花朵洁白，直径约五分之三英寸，形似草莓。这片小灌木给我带来了惊喜，在内华达山脉，它是唯一能如地毡一般铺开的灌木。其他灌木，如熊果、美洲茶和大多数美洲茶属灌木，铺成的地毡略显杂乱蓬松，边缘不齐，远不如这种细密平整。

羊群似乎不太适应它们的新牧场，或许是因为四周都是山，它们始终躁动不安。昨夜，它们受到了惊吓，可能是有熊或土狼在附近徘徊，盘算着如何吞下这顿肥羊大餐！

6月10日

夏日炎炎，我们从一处风景如画的瀑布脚下打来了清澈的河水。这里的水虽然经过瀑布的冲击，但并未变得浑浊，而是越发活泼清新。瀑布下的岩石是黑色的变质页岩，被水流打磨得光滑如镜，与瀑布的灰白色水花形成鲜明对比。水流在岩石上轻盈滑过，闪着光亮形成一道道白练，最后汇入激流之中。岩石上，莎草随风摇曳，它们细长而柔韧的叶片向四周伸展，最长的叶尖轻触水面，与凸出的岩石分流的水流共同勾勒出一幅细腻的画卷，展示着这条小溪的灵动之美。巨大的雨伞草（*Saxifraga peltata*）也在小岛般的岩石上扎了根，它们的叶片宽大、圆润，或独自成丛，或与莎草相伴，形成一簇簇引人注目的景致。这种雨伞草的紫色花朵长有高大的腺体花序，早在叶片长出之前便已盛开。它的肉质根茎紧紧抓住岩石的缝隙，使植物能够抵御偶尔的洪水侵袭，成为大自然点缀这些清凉溪流的一道亮丽风景。营地附近的树木从两岸拱起，形成一条绿叶隧道，透进柔和的微光。年轻的河流欢快地歌唱着，闪着光从中流过，宛如一个充满活力的生命。

午后时分，从高山上传来几声雷鸣，白色的蘑菇状积雨云从松树身后缓缓升起。

6月11日

我在默塞德河东支发现了几处迷人的瀑布，每处瀑布下都藏着一泓清潭。水花如珍珠般飞溅，岩石边缘，灌木和莎草随风摇曳，构成了一幅动人的画卷。在水潭旁的沃土上，一簇簇橙色的百合花竞相开放。

我们的营地周围并没有广袤的草原供羊群长期觅食，它们主要以山坡上的鼠季丛以及阳光充沛的开阔地带的草地上的羽扇豆和豆荚为食。许多地方的植被已所剩无几，甚至已被啃食殆尽，饥饿的羊群不得不四处寻找食物，牧羊人和犬只也只能全力以赴，确保羊群不越界。德兰尼先生已经带着印第安人和中国人返回平原，临走前，他交代我们要把羊群留在这一带等他回来。

天气多么宜人！我难以想象有比这更像仙境的地方。微风是如此轻柔！这些平静的气流几乎不能称之为风，它们更像是大自然的低语，向万物传递着宁静与和谐。营地所在的幽静山谷，树木岿然不动，大多数时候，连树叶都没有一点摆动。百合花的茎干高耸，本应随风摇曳，我却从没见它们在风中起舞。这些百合的花朵何其壮观！有的花朵非常大，足以作为孩童的帽饰。我一直在尝试画下它们的倩影，渴望画下它们叶片上弯曲的脉络以及带着斑点的花瓣。很难想象世上会有比这更美丽、养护更精心的花园。这种百合，学名叫豹斑百合（Lilium pardalinum），高达六英尺，叶片宽约一英尺，艳丽的橙色花朵宽约六英寸，花喉点缀着紫色斑点，花瓣向外翻卷，真是一种高贵的花。

6月12日

今天下了阵小雨，雨珠稀疏，轻盈地洒落在树叶、岩石和花瓣上，发出欢快的拍打声。东方天际，积雨云缓缓升起，珍珠色的云彩美得令人心醉，与下方的岩石相映成趣，宛如一幅和谐的画卷。

天空中的云山，形态硬朗，线条分明，轮廓清晰，我从未见过如此立体的云彩。几乎每日正午时分，它们都会以一种膨胀的姿态缓缓升起，仿佛一个崭新世界的诞生。它们深情地在花园与森林上空徘徊，用凉爽的投影和稀疏的细雨轻柔地滋润着每一片花瓣与叶子，维持着它们的生机与活力。或许可以发挥想象力，把这些云朵当成天空中的植物，想象它们在阳光的沐浴下，在天空的原野中肆意生长，美丽地绽放至盛期，然后如同果实和种子一般，洒下雨水或冰雹，最终凋零消逝。

山间常见的黄鳞栎（Quercus chrysolepis）挺立于千尺之上，与佛罗里达的栎树十分相似，它们不仅树形、叶片和枝杈舒展的状态相像，就连那坚硬、多节、难以劈开的木质都别无二致。在这片自然的殿堂里，有些黄鳞栎独自傲立，它们的树干粗壮，直径可达八英尺，高达六十英尺，树冠的广阔程度几乎和树的高度相当，甚至有过之而无不及。这些树的叶片细小，边缘平滑无裂，不过，偶尔在幼枝上可见锋利的锯齿。同一棵树上，边缘平滑与边缘呈锯齿状的叶片共存，展示着自然界的丰富多样。它们的果实大小适中，壳斗很浅，果壳很厚，覆盖着一层细腻的金黄色绒毛，就像是秋日暖阳的馈赠。有些树几乎没有明显的主干，从接近地面的地方就开始分叉，形成宽大的枝干，这些枝干再次分叉，最终变成长长的、下垂的绳索状小枝，几乎触及地面，而那些长满短小闪亮的叶子的小枝则形成了一个圆形的树冠，阳光洒落其上，宛如天空中的积雨云。

在营地附近的炎热山坡上，有一种引人注目的植物——灌木罂粟（Dendromecon rigidum），它是我在徒步旅行中遇见的唯一的木本罂粟科成员。它的花朵呈现出鲜艳的橙黄色，直径可达两英尺；

果荚则有三至四英寸长，细长且弯曲。这种灌木的高度大约是四英尺，由许多细长且直立的枝条构成，这些枝条从根部向外辐射生长，形成了一种独特的形态。灌木罂粟常常与熊果之类的喜阳灌木共生。

6月13日

我又在山间度过了阳光灿烂的一天，这样的日子让人沉醉，灵魂仿佛早已融化在了这无尽的美景中，随着山风飘向了遥远的天际。在这里，时间失去了意义，我们不再像在城市中那样争分夺秒，而是与大自然同步，与树木和星辰一样，悠然自得。在这里，我们感受到了真正的自由，一种永恒般的宁静。远眺天际，一片洁白无瑕的云海在山巅缓缓升起，西黄松的尖塔和兰伯氏松那棕榈般的树冠，在云层的映衬下，勾勒出一幅清晰的画卷。听，那雷声在山谷间回荡，如同天神的鼓点，紧接着是一场阵雨，将大地洗礼得异常清新。

不少草本植物从平原蔓延到山间，它们的花期比在平原上时晚了两个月。今天，耧斗菜显得格外生机盎然。大多数蕨类植物正值生长旺季，比如长在山坡阳面的碎米蕨属、旱蕨属、裸子蕨之类的岩石蕨类，溪流旁的狗脊蕨属、毛蕨属和岩蕨属，以及沙地上常见的凤尾蕨。尽管凤尾蕨随处可见，但在这里，它展现出的旺盛的生命力，足以让植物学家为之惊叹。我测量了一些成熟的凤尾蕨，它们的高度超过了七英尺。虽说它们是所有蕨类中最为常见、分布最广的一种，但我甚至可以说，我从未真正领略过它们的风采。它们宽大的叶片高高举起，和粗壮光滑的茎紧密相连，交错重叠，形成了一片完整的绿色天棚，人们在这片几英亩的蕨类森林中自由行走，仿佛置身于屋檐之下。穿透这片生机勃勃的绿色天棚的阳光是如此柔和美丽，它勾勒出叶片拱形的分支和脉络，宛如无数浅绿色和黄色玻璃精心拼接成的窗格——这是由常见的蕨类植物编织而成的梦幻之地。

在这片热带雨林般的葱郁之地，小动物们自在地穿梭着。我目睹了羊群从一片蕨丛的边缘消失，又在百米开外的另一端悄然现身，仅能通过蕨叶的细微摇曳观察到它们的行踪。令人称奇的是，几乎没有一根粗壮的蕨茎因此而折断。我曾在那些高耸的蕨叶下静坐良久，那是一种让人终生难忘的奇特体验。只需一片蕨叶轻覆头顶，尘世的烦恼便随风而去，唯有自由、美丽与宁静长留心间。山顶松涛的低吟，每一个虔诚的登山者都能感受到它的魅力；但那些苏格兰人所赞颂的蕨类，又有哪位诗人真正歌颂过呢？不可思议的是，无论一个人被尘世的纷扰束缚得多厉害，他都无法完全摆脱这种神圣蕨类森林的吸引。然而，就在今天，我看见一位牧羊人如羊儿般无知无觉地穿过这片迷人的蕨丛。“你觉得这些蕨类怎么样？”我好奇地问。“哦，它们不过是些该死的大障碍物罢了。”他漠然道。

在内华达山脉深处，种类不一的蜥蜴和林间的鸟儿、树梢的松鼠一起，在这片土地上快乐地生活着。这些微小而温柔的生命，沐浴在上帝恩赐的阳光下，拼命在这方土地上生存着。我静静地注视着，它们或忙碌或嬉戏，每一个动作都透露出顽皮和纯真，尤其是它们那双清澈见底的眼睛，总能轻易赢得人们的喜爱。这些蜥蜴似乎天生就懂得如何与人亲近，它们在炙热的石头上轻盈地跳跃，如同蜻蜓点水，速度很快；不过，它们很少长距离爬行，行动总是迅速而短暂，往往突然间冲出十到十二英尺，然后戛然而止，紧接着再次猛冲。我发现，对它们来说，这种频繁的短暂停歇是一种必要的休息，因为它们似乎并不擅长长距离爬行，一旦持续爬行，很快就会气喘吁吁，容易被人捉住。尽管尾巴占了它们身体长度的一半，但它们的尾巴总是随着身体的每一个动作灵活摆动，没有一点笨重感。这些蜥蜴，有的肤色像天空一样湛蓝，明亮得如同知更鸟的羽毛；有的则如同它们休息时身下长满青苔的岩石，显得暗淡无光。那些生活在平原上的角蜥，看上去很像蛇，生性温和，以蛇类特有的方式滑行，小小的、尚未发育完全的四肢似乎成了拖曳在身后的累赘。我曾仔细观察过一只长达十四英尺的角蜥，它几乎用不上那柔弱的四肢，而是完全依靠如蛇般柔软的身体优雅地滑行。突然，跑来了一只灰色的小蜥蜴，它好像同我是旧相识，甚至对我产生了信任，在我的脚边来回穿梭，偶尔还会狡黠地抬头望我。卡洛出于好奇，伸出爪子扑了一下，这只小蜥蜴宛若一支离弦的箭，从它的爪下迅速逃脱，躲进了灌木丛。这些温顺的爬行动物是龙的后裔，属于那个古老而强大的族群。很少有人知道，覆盖在这些小家伙身上的鳞片，就像羽毛、毛发或衣物一样柔软。

在过去不甚久远的地质年代里，这里曾是乳齿象和大象的家园，矿工们淘金时时常发现的化石就是明证。如今，这片山林里至少栖息着两种熊，还有加州狮、美洲豹、野猫、狼、狐狸、蛇、蝎子、黄蜂和狼蛛，但有时候，却不得不承认，那种体形虽小却充满野心的黑蚂蚁才是这片广阔山野的真正统治者。这些魔鬼似的小不点，身长不过四分之一英寸，却比任何已知的大型野兽都更好战，更具攻击性。它们仿佛生来就是为了用那弯曲如冰钩的下颚寻找战斗机会。它们的巢穴大多建在腐朽或空心的橡树中，这可能是因为这些树足够坚固，能帮它们抵挡其他动物的攻击和暴风雨的摧残。这些小魔鬼不分昼夜地忙碌着，在黑暗的洞穴和高耸的树梢间穿梭，跨越凉爽的山谷和毫无遮挡的炙热山脊。它们建造的通道和小径无处不在，当然，水中和天上除外。从山脚到海拔一英里的地方，几乎没有什么能够逃过它们的触角；警报往往会在极短的时间内传遍整个蚁群，尽管我们听不到任何呼喊或哭泣。这种无畏的凶猛，似乎难以用常理解释。有时，它们确实是在保卫自己的家园，但更多时候，它们是不想放过投身于战斗的机会。一旦发现人或动物的弱点，它们就会用下颚狠狠地撕咬，即使身体被撕裂，也绝不松口，真可谓至死方休！当我看着这些分布广泛、生命力极其顽强的凶猛生物时，我意识到，在这个世界被普遍的和平与爱感化之前，我们还有很长的路要走。

在返回营地途中，我看见了一棵直径约三米的死松树，它像巨柱一样静静矗立，仿佛是为了纪念而存在。这棵松树的枝干被一场大火烧焦了，如今只剩下焦黑的躯壳。在这庄严的树干之中，一群黑蚂蚁正忙碌地筑着巢。它们在木头里挖掘隧道和蚁穴，不论那木头是坚硬的还是腐朽的，都通通将其咬掉。整棵树干似乎被蚂蚁掏空了，从树基周围堆积的锯末状的木屑就能看出来。这些蚂蚁似乎比它们的小表弟——那些好斗且气味刺鼻的小黑蚁——更聪明，行为也更得体，但必要时也会迅速投入战斗。它们可能会将巢穴安在倒下的树干中，也可能安在依然挺立的树干中，却从不在健康的树木或地面上安家。

当你偶然坐下休息，或在蚁群附近记笔记，总有一些游荡的“小猎人”会发现你，然后小心翼翼地前来侦察你这个入侵者的身份，再决定如何对付你。如果你离它们的巢穴不太近，且静止不动，它们会在你的脚、腿、手和脸上来回奔跑，沿着你的裤腿爬上爬下，仿佛在测量你的体积。待获取你的全貌之后，它们往往不发出任何警报地静静离开。不过，一旦它们发现任何诱人之处，或者你的某个可疑动作引起了它们的警惕，那么它们就会毅然决然地咬下去，真是太可怕了！我觉得，即使是熊或狼的咬伤，也难以与之相比。一道迅猛如电的痛感沿着神经传导，你会意识到自己的感知能力有多敏锐。当你从突然的眩晕中恢复意识，就会发出一声尖叫，伸手去捉它，就会发现自己根本捉不到，只余下一个困惑的眼神。幸运的是，只要足够小心谨慎，一生中最多被它们咬中一两次。这种带有电击感的蚂蚁大约长四分之三英寸，熊对它们很感兴趣，它会撕开它们筑巢的木头，把蚂蚁的卵、幼虫、成虫以及那些腐烂或健康的木头混在一起，粗暴地塞进嘴里，吃上一顿酸辣味的大杂烩。迪格尔族印第安人也喜欢以蚂蚁幼虫甚至成虫为食，老登山者对我说，他们会先咬掉蚂蚁头部，然后兴致勃勃地吃掉那些带有酸味的蚂蚁身体。如此看来，即使是那些咬人的生物，最终也会被咬，这广阔世界中每一个或大或小的啮齿动物无不如此。

还有一种机敏而活泼的红色蚂蚁，它们的体形介于上述两者之间。它们在地下安家，用种壳、落叶、稻草等材料堆砌成小山，覆盖在蚁穴之上。它们的日常饮食，主要是昆虫及植物的叶片、种子和树的汁液。想象一下，大自然得养活多少生命呀！我们居然有这么多邻居，而我们对它们的了解又有多少，和它们打交道的机会又有多小呢！再想想那些数量惊人的微生物，与它们相比，即便是最小的蚂蚁，也如同乳齿象一般庞大。

6月14日

在这个山间，瀑布与急流之下，水潭因水流的冲刷显得格外明净清澈，不见一丝岩石碎屑。随着瀑布的倾泻，比较重的东西会在水潭前不远处沉积，逐渐堆砌成一道天然的堤坝，伴随着水流的侵蚀，水潭的范围会逐渐扩大。每逢春日冰雪融化，上游的溪流声势浩大，如同雷鸣一般，响彻两岸。这时，那些平日里静卧河床的巨石，便在春水的激荡下，被一股不可抗拒的力量推动，翻滚着涌入这些水潭，与旧有的堤坝一起形成新的屏障。而那些较小的石块，则会被水流带往下游，因自身的大小和形状，分布在不同位置，停留在能与水流力量平衡的地方。然而，影响这些瀑布、水潭和堤坝的最大因素，并非寻常的春汛，而是不定期的特大洪水。遭受洪流冲击的巨石之上长有树木，它们的存在便是证据，证明这里在百年甚至更早之前曾经发过大洪水，洪水唤醒了所有可移动之物，带着它们开启了奇妙的漂泊之旅。这种特大洪水往往在夏季降临，大暴雨瓢泼而下，倾泻在由众多溪流侵蚀而成的宽阔陡峭的河谷之中，霎时将水流汇集至主河道，汇聚成一股短暂却势不可挡的洪流。

在营地附近的瀑布之下，有一处古老的巨石，它像一位沉默的守护者，稳稳地伫立在湍急的河流中央。这块花岗岩巨石，约莫八尺高，水位线以上，顶面和侧面盖满了苔藓。今天，我爬到了巨石顶上，躺下休息，发现这竟是我见过的最富诗意的角落——这块巨石，顶部平整，侧面光滑，孤高而独立，宛若一座祭坛。前方的瀑布轻柔地洒下细微的水雾，恰到好处地滋润着苔藓，使其永远保持鲜嫩翠绿；下方潭水清澈，水面上时有泡沫，围成半圆形的百合花微微倾斜着，好似一群虔诚的信徒；上方的山茱萸和桤木树，以它们的花朵和枝叶编织成了可以透过阳光的拱门。在这半透明的叶顶之下，是何等宁静清爽，水声又是何等悦耳——瀑布水流的低吟、水花飞溅的碰撞声以及无数细小的流水拍打碎石的声音，水流从巨石旁滑过，在长满蕨类植物的河道小石头上跳跃！这一切仿佛被封闭在一个私密的空间中，将声音和画面交织在一起。这个地方充满了神圣的气息，让人不禁期待在此得遇神明。

夜幕降临，营地归于宁静，我轻手轻脚地回到那块祭坛般的巨石上，准备在水面之上、树叶和星辰之下度过一个不眠之夜。夜晚的景致，比白天更加令人心醉，朦胧的瀑布泛着淡淡的银光，以一种庄严的热情，吟唱着大自然的古老情歌。而透过树叶缝隙的点点星光，仿佛也加入了那白色水流的合唱。这宝贵的夜晚，这宝贵的白昼，将永远镌刻在我的记忆深处。感谢上苍，赐予我这份永恒的礼物。

6 月 15 日

又是一个充满活力的清晨。阳光如同金色的瀑布，沿着山脊倾泻而下，唤醒了松林。每一根松针都闪烁着光芒，仿佛在向世界宣告生命的欢愉。林中的知更鸟唱起了歌，那古老神圣的旋律，曾在我们广袤的大陆上，无数次唤醒沉睡的春天，为无数季节带来福泽与欢乐。它们在这片山谷里自由翱翔，宛如在农场的果园中那般自在。这里还有黄鹂鸟和路易斯安那唐纳雀，以及众多的鸣禽和小巧的山地歌手，它们大都在忙不迭地建造自己的巢穴。

我还有幸邂逅了一棵令人赞叹的黄鳞栎，它的树干粗壮，直径足有六英尺；还有一棵道格拉斯云杉，直径达到了七英尺。更令人惊叹的是一株蔓百合，它那修长的茎达到了八英尺，盛开着六十朵玫瑰色的花。

在内华达山脉那灿烂的一天里，我们亲眼见证了兰伯氏松的球果的庄严与精致。这些球果，犹如自然界精心雕琢的艺术品，形似圆锥，末端尖细，基部圆润。今天，我偶然间发现了一个松果，它的长度几乎达到了二十四英寸，直径六英寸，鳞片张开，就像一朵盛放的花。另有一个略小的松果，长约十九英寸。那些长在环境优越位置的兰伯氏松，成熟松果的平均长度可达十八英寸，彰显着大自然的慷慨与丰饶；在海拔二千五百英尺左右的植被带边缘，松果则要娇小一些，长度一般在十二到十五英寸之间；在海拔七千英尺及以上的约塞米蒂地区，松果的大小却出奇地一致，仿佛是在展示生命的坚韧。

尊贵优雅的兰伯氏松，勾起了我极大的兴趣。那硕大的穗状松果，以及那完美的圆柱形树干，简直令人叹为观止！它们高耸入云，有一百余英尺，没有一根分杈，树皮呈现出优雅的紫色。兰伯氏松的枝叶外翻、下垂，宛如羽毛，构成了一个引人注目、振奋人心的冠冕。兰伯氏松与棕榈，虽都是树木，却各有千秋。兰伯氏松之姿，雄伟壮观，远非棕榈所能比！它在阳光下沉思，在风暴中摇曳，每一根针叶都散发着不屈的生命力。自幼苗至参天，兰伯氏松始终挺拔笔直，形态端庄，和其他针叶树别无二致；然而，岁月流转，一旦树龄达到五十至百年，它们便会显露出独特的风采。所以，壮年乃至暮年的兰伯氏松，每一棵都独一无二，值得我们细细品味，深入探究。我为这些树木画了不少草图，却总是遗憾无法描摹出每一根松针之美。相传兰伯氏松可高达三百英尺，但我所见过最高的兰伯氏松，大约只有两百四十英尺，远没达到最高的高度。它那令人赞叹的树干，接近地面处的直径可达十英尺，相传某些树干直径可达十五英尺。兰伯氏松的树干特别粗壮，似乎并没有随着高度的增加而明显变细。

兰伯氏松伴生树种西黄松，也似这般高大粗壮，它们修长的银色枝叶在树干顶端和向上生长的枝梢上汇聚成壮观的圆柱形，宛如一座座银白色的火炬。每当清风拂过，叶片随风摆动，每一棵树都仿佛化作了一座闪闪发光的白焰之塔。这个银光闪闪的树种，应该改名叫银松才对！它们的松针有时可长达一英尺，几乎可与佛罗里达的长针松相媲美。虽然西黄松的高度与兰伯氏松不相上下，甚至在坚韧度上更胜一筹，但它的外形和气质却远不如兰伯氏松那般引人注目。规整的圆塔形树冠和相对较小的紧凑地镶嵌在针叶之间的松果，的确也展现出了一种与众不同的魅力。若非兰伯氏松存在，西黄松或许能成为世上八九十种松树中的翘楚，成为那些在风中摇曳、在阳光下闪耀的松木中最耀眼的一种。即便它们是没有生命的雕塑，也难掩其高贵气质。不过，它们不仅仅是静态的雕塑，而是充满了生命的活力，每一寸纤维、每一个细胞都在跃动、激荡，它们是闪耀着光辉的银杖，是植物界的真正神祇，在神的注视下，度过了一个又一个百年岁月，被一代又一代的人们瞻仰、爱慕和赞美。在这片神圣的山脉中，还有许多其他引人注目的树木——羽杉、道格拉斯冷杉、银冷杉、红杉……我们继承了多么丰富的自然财富，目光所及，皆是令人注目的珍贵的树木宝藏！

夕阳缓缓沉入地平线，西方天际被染上了一层绚烂的霞光，万物在这光辉中显得愈发庄严神秘。在遥远的派勒特峰的山脊上，那些沐浴在夕阳余晖中的树木，静静地伫立着，仿佛在与夕阳做最后的告别。这仪式庄重且感伤，仿佛在诉说着太阳与树木之间依依不舍的别离。日光渐渐消逝，那色彩的魔力也随之消散，森林里的植物在夜风的吹拂下轻轻摇曳，呼吸着自由的空气。在繁星的注视下，大地进入了宁静的夜晚。

6 月 16 日

清晨，一位从布朗平原来的印第安人悄然步入营地。当时我正坐在石头上，翻阅笔记和草图，不经意间抬头时，惊讶地发现他已站在离我不远的地方，神情庄重，一言不发，宛如一棵在此伫立了数百年的古老树桩。印第安人似乎天生就掌握了这种不引起任何人注意的行动技巧——就像我在这里观察到的某些蜘蛛，能在瞬间让自己隐形一样。当鸟儿落在它们的网上，蜘蛛会迅速在丝线上跳跃，只留下一道残影。即便是在几乎没有遮蔽物的开阔地带，印第安人也拥有高超的隐藏踪迹的能力，这大概是在长期的狩猎和战斗中磨炼出来的。他们需要悄无声息地接近猎物，出其不意地攻击敌人，或者在必须撤退时，安全地消失在对方的视线之外。这种技能经过无数代的传承，似乎已经变成了一种本能。

四周的山峦，表面光滑，鲜有变化。羊群活动范围内，除了溪水旁的几片开阔地，几乎看不到人和其他动物。只在开阔地带，偶尔可见鹿和熊的脚印。它们的脚印与许多小动物的脚印相映成趣，好似大自然的绣花，装饰着这平滑的山体。沿着主山脊和河水支流，可以隐约追踪到印第安人的古径，但它们并不像人们想象的那样明显。无人知晓印第安人在这片森林中穿梭了多少年月，那时间或许比哥伦布踏上我们海岸的时间还要早。但令人惊讶的是，他们竟然并未留下太多痕迹。印第安人步履轻盈，对这片风景的破坏，几乎不比鸟儿和松鼠多。他们用树皮和树枝搭建的小屋，持久性也并不比田鼠的巢穴强。除了为改善狩猎场地而焚毁森林外，他们最持久最有纪念意义的遗址，也已在几个世纪的岁月中消失了。

那些白人的做法则大相径庭，尤其是在下游淘金的白人，他们炸开坚硬的岩石，开辟道路；搭桥建坝，改变溪流走向，用以淘金。他们奴役溪流，迫使它们像奴隶一样在矿山中劳作。溪流沿着峡谷和山谷的边缘，被引导着在高高架起的支架上流动，仿佛在踩高跷；或在山谷间穿梭，被束缚在铁管中，用以冲击和清洗山体，剥离每一寸含金的岩石和土地。白人在短短几年内就把这片土地弄得千疮百孔，留下了这种种痕迹，山脉侧翼更是遍布他们的锯木厂、农田和村庄。要抹去这些痕迹，还需时日，尽管大自然正努力休养生息——整理园地，清除旧坝和水槽，平整砾石堆——耐心地治愈每一道新伤。淘金热已成为过去，如今，那些白发苍苍的老矿工在废弃的矿坑中翻翻捡捡，勉强维生。石英厂还在生产，地下的爆破声仍未断绝，但与几年前的铁锹和铁镐的喧嚣相比，它们对这片土地的伤害已大大减轻。幸运的是，含金的板岩主要分布在山脚下，我们营地周围依然保持着原始的自然风貌，而更高处则是几乎无人踏足的雪域，纯净如天空。

昨日，几朵云彩如小山般在天际升起，而今日，天空却一片澄澈。万里无云的蓝天下，阳光格外清透，温暖又不炙热。这山间的宁静春日，恰是大自然的脉动最为铿锵有力时，亦是其魅力所在。夜幕降临，山顶微风轻拂，白天则有从海上和丘陵地带吹来的凉风；有时万籁俱寂，连树叶都静止不动。这里的树木，似乎的确不懂风的故事。

羊群饿了就会难以自控，就跟人饥饿时一样。除了我悉心守护的百合花园，羊群几乎把方圆一英里的绿叶全都吃光了，就连灌木皮都被啃了个干干净净。虽说有牧羊人和牧羊犬的看护，但羊群还是四散逃窜，消失在了飞扬的尘土里。我担心羊儿走失，因为原来的十六只黑羊如今只剩下十五只了。

6 月 17 日

清晨，趁着羊儿轻松越过狭窄的畜栏门时，我点清了数目。大约丢了三百只羊，牧羊人无暇顾及，我只好独自踏上了寻羊之旅。拿起一片面包皮系在腰间，我带着卡洛向派勒特峰的高处进发。尽管肩负着寻找这些笨蛋逃兵的重任，这一天却也过得颇为愉快。我踏上了寻找羊群的旅程，并没有无功而返。地平线上笼罩着一圈奇异的光环，洁白而稀薄，就跟极光之上常见的那种一样，与高高的蓝天融为一体。天际仅有一片云彩，就像是几缕梳理过的丝线，轻盈而柔软。我径直去了羊群常去的边界地带，在那里绕了一圈又一圈，总算发现了逃兵们留下的痕迹。我顺着痕迹一路来到了山脊上的一片开阔地，四周都是美洲茶属灌木。卡洛似乎明白了我的意图，它急切地追寻着气味，我们最终找到了丢失的羊群。它们紧紧地缩在一起，没有一点声响。显然，它们整个晚上和上午都待在这个地方，连外出觅食都不敢。它们虽然摆脱了束缚，但却像我们所熟知的某些人一样，对自由感到恐惧，不知如何利用这份自由，似乎更希望回到那熟悉的畜栏中去。

6月18日

这个清晨同样让人振奋，任何地方的美景都难以与这里相比，就连我听过或阅读过的关于天堂的描绘，都无法与这里的风光相提并论。正午时分，大约只有百分之五的天空中有云，它们如同轻柔的白纱，细腻地铺展在湛蓝的天幕上。

羊群尚未爬上高耸的山脊和顶峰，所以那里的美洲薄荷、山字草、金鸡菊及一些茂密高大的草本植物还蓬勃生长着，还有一些高高的禾草从随风摇曳，那姿态堪比松树。如今，大多数羽扇豆已经过了盛花期，许多菊科植物也开始凋零，曾经绚烂的花冠在杂乱的冠毛中逐渐消失，宛如夜空中的星星隐没在晨雾里。

今天，从布朗平原来了一位客人，一位背着箩筐的印第安老妇。她和之前那位印第安访客一样，悄无声息地踏入了营地，当我们注意到她的时候，她已然站在了显眼处。我不知道她在那里静静观望了多久，但就连营地的狗也没察觉到她的脚步声。我猜，她或许是想去哪个野花园，采摘羽扇豆及富含淀粉的雨伞草的叶和根茎。她穿着破旧脏污的印花布衣裳，尽管都是靠天吃饭，但她与大自然中那些干净整洁、着装得体的动物截然不同。只有人类会把自己弄得脏乱不堪，真是奇哉怪矣。她要是身披皮毛，或是身着由草叶或树皮编织而成的衣物，就像刺柏或肖楠树皮编成的毯子那样，或许能更好地融入荒野，至少能像一头体面的狼或熊。但不管从哪个角度来说，这样的印第安人似乎和那些只会吓跑鸟雀和松鼠的衣着得体的游客相差无几，都不能和谐地融入大自然。

6月19日

一整天，阳光纯净而明媚。树叶把影子投在岩石上，美丽又迷人！那些橡树，树影清晰而细腻，可谓巧夺天工！没有风的时候，它们就像是被精心绘制在岩石上的画作；微风轻拂而过，它们轻柔地摇摆着，仿佛不想打破这份宁静；它们在阳光下欢快地跳跃、旋转时，又像是在岩石上快速闪动的海浪，形成一幅幅生动的图案。这树影的美丽，是如此真实而丰富，在这里，美似乎被无限地放大了。那些大型的橙色百合花，正毫无保留地展示着它们的叶片和花朵。这些高贵的植物，多么健康，多么完美，绝对是大自然的宠儿。

6月20日

一大早，几只羊就傻乎乎地闯进了茂密的灌木丛，它们如同误入蛛网的苍蝇，动弹不得，亟待救援。卡洛机警地发现了它们，试图找到一条最不费力的路径引导它们出来，让它们重获自由。在这场智慧与自然的较量中，狗无疑比羊聪明得多。卡洛，这位忠诚的伙伴，用它无尽的爱和不变的忠诚，成了我们最宝贵的朋友。它无疑是圣伯纳犬家族中的佼佼者，也是家族的荣耀！

香脂、松香和薄荷的香气在空气中交织着，清新而纯净，让我每一次呼吸都充满感激，像是在接受大自然的馈赠。谁能想到，在这看似荒凉的野外，竟隐藏着如此细腻的美好，给人无限惊喜。这里仿佛是一个巨大的舞台，上演着一出出精彩绝伦的戏剧，布景华丽、音乐悠扬、香气曼妙——每一个细节都充满了趣味，让人一点都不会觉得厌烦。上帝仿佛在这个地方倾注了他的全部热情，犹如一位艺术家，全心全意、不知疲倦地创作着。

6 月 21 日

沿着河畔，我来到了我的百合花园。这里的野生百合美得让人赞叹不已。它们的根茎深植于水潭边变质岩凹陷处堆积的肥沃黑土中，既能保证吸收充足的水分，又能远离洪水的威胁。每一片叶子，都环绕着光滑的茎秆，精致得如同花瓣一般。阳光和热量透过上方倾斜的树枝，恰到好处地为它们提供着光和热。即便正午的雷雨伴着狂风，它们也能安然无恙地享受自然的庇护。百合下面的灰藓如同一条毛毯，紫罗兰和雏菊点缀其间，周围的一切都如百合般甜美清新。

天空中只有一座孤独的洁白云山，在光影的装饰下，更显仪态万千。云团形成的巨大穹顶、凸起的山脊以及它们之间的沟壑和峡谷，色彩千变万化，美得难以言表。

6 月 22 日

今日云层密布，除了偶尔带来细雨的积雨云，还有一层薄如轻纱、朦胧如雾的云，它们几乎占据了天空的四分之三。

6 月 23 日

哦，在广袤山间生活的宁静无比的日子，既激发了我的工作热情，又唤起了我对休息的渴望！在这样的日子里，万物都显得那般神圣，它们敞开了千百扇窗，向我们展示着造物主的杰作。无论多么疲惫，无论命运如何，无论寿命长短，无论生活是平静还是波折，只要有幸在山间度过一天，他都将永远富足。

6 月 24 日

云彩和雷声一如往常。牧羊人比利喋喋不休地抱怨着，坚称这些羊比以往任何一群羊都顽劣。他说，无论有多少羊走失，他都不会去找，因为他认为，在找回一只迷路的羊的过程中，可能会丢失更多的羊。因此，寻找那些走丢的羊的重担就落在了我和卡洛身上。比利的小狗杰克也是个麻烦制造者，它每晚都会离开营地，去山上的布朗平原拜访它的邻居。它是一只外表平平无奇的没有血统的狗，但却热衷于追求爱情和投入战斗。它咬断了所有束缚它的绳索和皮带，为了把它带回来，它的主人不得不一次次穿越灌木丛生的山丘。终于，它的主人彻底绝望了，用一根木棍将它拴住，一端固定在它的项圈下，另一端绑在一棵结实的小树上。但这根木棍却成了它逃脱的杠杆，经过夜晚不断的挣扎，它终于磨断了绑在小树上的绳索，拖着木棍穿过灌木丛，安全抵达了印第安人的定居点。它的主人紧随其后，毫不犹豫地痛打了它一顿，并怒气冲冲地发誓说，晚上他要“好好教训一下这只昏了头的小狗”，把它无情地牢牢地拴在了沉重的铸铁荷兰炉盖上，那炉盖的重量几乎与它不相上下。铁盖直接拴在它的项圈上，紧贴着下巴，使得这可怜的小家伙几乎动弹不得。起初，它似乎很沮丧，根本没办法四下张望，天黑了，它甚至无法躺下，除非伸展前腿跨过盖子，将头埋在两爪之间。然而，到了凌晨，尽管有铸铁炉盖的拖累，我们还是听到了杰克在远处山上的狂吠声。它一定是用后腿直立行走，像抱着盾牌一样抱着沉重的盖子，就像套着可怕的铁甲一样迎战了它的对手。第二个晚上，狗和炉盖被塞进一只旧的装豆子的口袋里绑了起来，最终愤怒的比利取得了胜利。进山前，杰克不幸被一只响尾蛇咬伤了下巴，大约有一周时间，他的头和脖子肿得足有平时的两倍大。尽管如此，它依旧像往常一样活蹦乱跳，现在已经完全康复了，它获得的唯一治疗就是每次被主人强行灌下一两加仑新鲜牛奶。

6 月 25 日

尽管这里只是牧羊地，但这座宏伟的山谷却如同温馨的家园，每一天都显得愈发温馨，让人难以割舍。我的百合花园尚未被羊群践踏，依旧保持着它的纯净。那些可怜巴巴的、满身尘土、饥饿难耐的羊，每天为了觅得所需的十五至二十吨灌木和草料，不得不跋涉数英里。我发自内心地同情它们。

6 月 26 日

纳特尔的山茱萸盛放，可谓盛况空前。那时，整棵树都披上了纯白的外衣，花苞宽六到八英寸。沿着溪流生长的山茱萸，可高达五十英尺；如果周围没有其他树木，树冠会更加宽阔。那显眼的花苞吸引了一群群飞蛾、蝴蝶和其他长着翅膀的昆虫，我想，这对它们自身以及树木都是有益的。山茱萸喜爱清凉的流水，跟桤木、柳树和杨树一样，需水量巨大。所以，溪流边的山茱萸往往长势旺盛，而长在阴凉潮湿、远离溪流的山谷中的松树下的山茱萸，身形要小得多。秋天，山茱萸的叶子成熟时，比花朵更美丽，展现出迷人的红色、紫色和淡紫色。另一种长在阴坡的山茱萸，跟灌木丛似的，可能是黑实山茱萸（Cornus sessilis），羊群会以它们的叶子为食。远处传来几声雷鸣，伴随着低沉、含混的回声。

6月27日

在通往派勒特峰山脊的阴坡上，披针叶榛（Corylus rostrata, var. Californica）随处可见。它们散发着独特的魅力，和祖先们在低温地带种植的橡树和杜鹃花非常相近，让我们对这些植物的热爱得以传递。这些榛树有四到五英尺高，叶片柔软，覆盖着细密的绒毛，触感舒适。它们结出的坚果美味可口，不仅令印第安人垂涎，也是松鼠们的最爱。午后的天空，白色的云朵如同点缀在蓝天上的珍珠。

6月28日

夏日的温暖与柔和交织在一起。阳光灿烂，唤醒了每一根沉睡的神经。松树和冷杉的新针叶已经长满了枝头，焕发出夺目的光芒。蜥蜴在炙热的岩石上悠闲地晒太阳，它们中的一些已经习惯了我们的存在，几乎成了营地的常客。它们对我们的一举一动都充满了好奇，用那双清澈的眼睛，若有所思地静静观察着。它们不担心受到伤害，只是偶尔转动脑袋，摆出各种优雅的姿势。这些温顺纯真的小家伙，拥有一双美丽的眼睛，让人心生怜爱。当离开这片营地时，我肯定会怀念它们那灵动的身影。

6月29日

我遇到了一种颇为奇特的小鸟，它常在河水湍急的支流和瀑布间穿梭。它不是水鸟，却总喜欢在溪水中觅食，似乎与溪流结下了不解之缘。它爪子上没有蹼，却能勇敢地潜入水底的漩涡中觅食，还会像鸭子和潜鸟那样用翅膀划水。有时，它在浅水处踱步，不时以一种急促而俏皮的姿态，将头探入水中，那动作总能吸引旁人的目光。它的体形与知更鸟相仿，翅膀短而有力，无论是在水中还是在空中，都能自如地飞翔。它的尾巴大小适中，微微上翘，跟鹪鹩很像。它的羽毛是朴素的灰蓝色，只有头部和肩膀上点缀着一抹棕色。它轻盈地穿梭于瀑布间，从一条激流跃向另一条激流，翅膀拍打的声音坚实而有力，就跟斑鸠振翅一样。它沿着蜿蜒的溪流飞翔，常常在凸出水面的岩石上或者搁浅的木头上落脚。偶尔，它也会停留在枯枝上，像其他鸟儿一样，选择合适的地方栖息。这只小鸟的动作极为优雅奇特，歌声非常甜美，宛如画眉鸟那长笛般的鸣叫，低沉却不失婉转，一点都不喧闹，这和它那活泼的天性、旺盛的精力略显不符。它在溪流最迷人的地方过着诗意的生活，享受着宜人的气候，凉爽的树荫和清凉的水花为它赶走了夏日的炎热。难怪它的歌声如此动听，原来它日夜聆听着溪流的乐章。这小小的歌唱家把自己的每一次呼吸都融入歌声，因为激流和瀑布周围的空气都被编织成了旋律。它的音乐启蒙必然在出生之前就已经开始了，因为它的蛋壳早就随着瀑布的旋律轻轻颤动了。虽然我没能发现它的巢穴，但它肯定把巢筑在了溪流附近，因为它从不远离这些清澈的流水。

6月30日

天气半阴半晴，空中的云彩分外洁白明亮。派勒特峰的山脊上，高耸的松树在丝绒般的天空中细腻得宛如六寸小景。今天没有下雨，云大约占了天空的四分之一。如此，这个难忘的月份便画上了句号。时间如同阳光的泼洒，如同海上潮汐，如同河流消长，不受日历刻度的约束，静静流淌，美丽而宁静。每日清晨，我自沉睡中苏醒，植物和我们的动物伙伴，甚至石头，不论大小，似乎都在齐声欢唱："醒来吧，醒来吧，快乐些，快乐些，来爱我们，和我们一起歌唱！来呀！来呀！"回望那片宁静迷人的营地小树林，六月就像是我生命中最灿烂的一个月，那种最真实、最神圣的自由，无边无际，永恒不灭。在这个月里，一切似乎都沐浴着神圣的光芒——那是一片纯净、野性、原始的天堂之光，过往或将来的任何事物都不能将其玷污或者抹去。

7月1日

盛夏已至。许多种子已经脱离果壳和果荚，寻找它们命中注定的落脚点。有的种子选择在父母脚下扎根，而有的则乘着风飞向远方，与陌生的土地结缘。大部分雏鸟已经羽翼丰满，开始离开温暖的巢穴，但父母依旧在旁守护，给予它们关爱、食物，以及必要的教导。鸟类的家庭生活是多么温馨美好呀，难怪我们人类也会为之动容。

我常常驻足观察那些活泼的松鼠。这一带有两种松鼠，一种是体形较大的加州灰松鼠，另一种则是道格拉斯松鼠。道格拉斯松鼠是我见过的最有活力的小家伙，它们就像是山林中的精灵，每一棵树都因它们的跳跃而颤抖。它们是大自然活力与勇气的化身，如同阳光一般，不带一丝阴霾。很难想象这样的小生命会感到疲惫或者生病。它们似乎认为整座山都是自己的领地，一开始还曾试图驱赶羊群、牧羊人和狗。看它们那副样子，一脸凶相地瞪着眼、呲着牙，连胡子都支棱了起来！要不是因为体形娇小，它们没准会成为山林中的小霸王。我渴望了解更多关于它们的生活，比如它们是如何在树洞的家里以及树梢上度过一年的日子的。有趣的是，尽管我对它们的生活充满了好奇，却至今没能发现任何一个有幼崽生活的巢穴。道格拉斯松鼠与大西洋岸边的红松鼠有着密切的亲缘关系，它们或许是经过北方连绵不绝的森林一路迁徙到这片大陆上来的。

加州灰松鼠，虽不及道格拉斯松鼠那般聪明，却是我们这些毛茸茸的邻居中最具魅力的。它们的体形几乎是道格拉斯松鼠的两倍，却远不如它的小兄弟那般活跃和引人注目。它能悄无声息地在林间的树叶和树枝间穿行，比它的小兄弟动静小得多！除了偶尔对着我们的狗叫上两声，我几乎从未听见它冲其他动物叫过。觅食时，它会无声无息地从一根树枝跳跃到另一根，仔细检查去年留下的松果，看鳞片间是否有遗漏的松子，还会在地面的落叶中搜寻是否有掉落的松子，毕竟今年的松果尚未成熟。它的尾巴时而随风轻摆，时而高高翘起，时而平展伸出，时而优雅卷曲，好像天边的一缕卷云。尽管它一直在辛勤地觅食，但每一根毛发都保持在原来的位置，干净、整洁、光亮，宛若蓟草的冠毛一般。它的整个身躯都很轻盈，跟尾巴一样，几乎无法触碰到。而道格拉斯松鼠则体形略小，个性暴躁如火，一举一动都充斥着虚张声势和战斗的气息，动作非常迅猛。它那小丑般的旋转动作，总会让人眼花缭乱。相比之下，加州灰松鼠则显得很羞涩，它们动作隐蔽，时刻保持警惕，偶尔才会偷偷摸摸地移动一下，仿佛每一棵树、每一丛灌木后面都藏有敌人。它们似乎只想独自安静地生活，没有一丝想要引人注目、受人赞美或被人畏惧的意愿。印第安人会把这种松鼠当作食物，加上鹰、蛇、野猫等天敌的存在，它们越发小心谨慎了。在食物充足的林地，它们会在灌木丛和倒下的树木间穿梭，开辟出通往心仪水潭的小径。在炎热干燥的天气里，它们几乎每天都会在同一时间前往自己心仪的水潭饮水。据说，手持弓箭的男孩会潜伏在水潭周围，严密监视松鼠的活动，以便无声息地射杀它们。尽管面临众多天敌的威胁，松鼠们依旧是快乐的生灵，是森林的宠儿，是活力与生命的象征。我觉得，在大自然的众多生灵中，松鼠是最具野性的，但愿我们能够更加深入地了解彼此。

营地南侧的山丘，灌木丛密布，是众多鸟儿的家园，也是一种颇为奇特的森林鼠（Neotoma）的安家之处。它们总是能轻而易举地吸引旅者的目光。它们的长相更接近松鼠而非老鼠，只是比较壮硕，全身披着柔软厚实的蓝灰色皮毛，肚皮上的毛则是一片纯净的雪白；它们的耳朵又大又薄，透如轻纱，眼睛温和湿润，闪烁着柔和的光芒；爪子纤细如丝，锋利无比，显露出卓越的攀爬本领。它们天真而亲切，这让它们比任何老鼠或松鼠都能更轻易地赢得人们的喜爱。它们表现出的精致优雅，与它们栖身的多刺灌木丛有点格格不入。尽管它的鼠窝并不精致，但内部却异常柔软。除它们之外，山中再没有哪种动物会把自己的巢穴建造得如此宽敞和显眼了。初次偶遇这种鼠窝的旅行者，一定会留下深刻印象。它们把树枝、旧木块、从附近灌木上咬下来的绿色带刺枝条以及土块、石子、骨头、鹿角等各种它们能挪得动的小物件，搭建成一个锥形鼠窝，看上去就像是一堆随时都可能被点燃的柴火。这种有趣的木屋一般有六英尺高，基座宽敞，有时十几个小屋聚集成群，大概是为了共同外出觅食、互相保护，而非仅仅为了社交。在某些偏僻的山坡上，当独行的探险者穿过密密匝匝的灌木丛，偶然间踏入这些奇异的“村落”，或许会以为自己误入了某个印第安部落，心中不禁盘算着自己接下来会被如何对待。然而，这里没有一张野蛮的面孔，只有几只“小居民”坐在窝顶，用它们那温和而野性的目光静静地注视着这位不速之客，似乎默许了他的接近。在这些粗糙的尖锥形鼠窝里，藏着一个由它们咬下的由树皮内层纤维铺成的柔软巢穴，穴里铺满了羽毛和各种植物种子的绒毛，比如柳絮和乳草的细丝。这些小巧的生灵就生活在这样多刺而厚重的家中，宛如一朵娇嫩的花开在了细密的荆棘中。有的巢穴甚至被筑在离地三十至四十英尺的高空，或是在高高的阁楼里，仿佛是在寻求人类的陪伴和庇护，就像燕子和红雀那样，尽管它们早就习惯了孤独的野外生活。这些山中的小居民有着小偷儿的名声，因为它们会把一切能搬动的东西，如刀、叉、梳子、钉子、锡杯、眼镜等，通通搬回它们奇特的窝里。不过，在我看来，这只是它们加固防御的一种措施。据我所知，它们的食性和松鼠相似，主要以坚果、浆果、种子为食，偶尔还会吃美洲茶属植物的树皮和嫩芽。这些无不显示着它们的生存智慧。

7月2日

这天温暖明媚，万物都在阳光下轻轻颤动，植物的汁液、动物的血液，都在这跳动的节奏中加速流动，整个山间仿佛都被赋予了生命，每一颗尘埃都如宇宙星辰般，欢乐和谐地旋转着、舞动着。这里没有沉闷，没有停滞，更没有死亡的气息，一切都在大自然的怀抱中，随着大地的脉动，保持着欢快的节奏。

珍珠色的积雨云飘浮在高山之巅，它们不是镶着银边，而是完全由银色构成。这些云朵如此明亮、清晰，坚若磐石，无论在什么季节、什么地方，我都没见过这般多样、这般明晰的轮廓。每天，这些白云的聚散，都是我最为惊叹的奇迹之一。我怀着无上的敬意，凝视着数英里长的宏伟的白色圆顶。然而，在这片天空与山脉的壮丽景色中，食物的短缺让我们日渐消沉。我们已经几天没有吃面包了，于是对面包的渴望与日俱增，尽管我们的肉、糖和茶都很充足。在这片富饶的荒野中，我们居然有食物匮乏之感！印第安人和松鼠都让我们自惭形秽，要知道，举目皆是富含淀粉的根茎、种子和树皮，而我们的面粉袋却空空如也——我们身体的平衡因此被打破，我们的快乐因此受到了威胁。

7月3日

天气温暖如春，微风轻拂树林，带来了令人迷醉的芳香。松树和冷杉正在茁壮成长，树脂和香脂从每一棵树上滴落，种子迅速成熟，预示着丰收季即将来临。松鼠们不用担心粮食危机——它们享受着各种坚果，尽管这些坚果还未完全成熟，它们却从来没有因为消化不良受过苦。

第三章　面包危机

7 月 4 日

山里的空气弥漫着森林的芬芳，随着时间的推移，愈发甜美，就像逐渐成熟的果实的味道。

德兰尼先生预计不久将从山下带来补给，届时羊群也将迁往新的牧场，我们再也不用担心面包问题了。现在，我们的豆子和面粉已经吃完了——除了羊肉、糖和茶，再没有别的吃食了。牧羊人的情绪似乎有些低落，对羊群的状况漠不关心。他抱怨说，既然老板没有给他食物，那么他也没有责任去喂养羊群，并断言没有一个体面的白人能仅靠吃羊肉攀上这些崎岖的山坡。“这不是我们白人该吃的东西，那是狗、野狼和印第安人吃的。伙食好，才能把羊放好，这就是我的看法。”比利在独立日发表演讲，充分表达了他的观点。

7 月 5 日

正午的高山之巅，云彩如梦似幻，瑰丽绚烂，美得难以言表，让我心旷神怡！昨天低地上空国庆礼炮留下的烟火已然随风飘逝，慷慨发表演讲的“演说家”也平静了下来。在这里，每一刻都是节日，是一场永不停歇的狂欢，没有疲惫，更没有厌倦。万物都在欢腾，每一个细胞都沐浴在喜悦里，无一被遗忘，无一被忽视。

7月6日

德兰尼先生还没来，面包危机愈发严重了。我们不得不继续吃羊肉，这的确让人无法忍受！我听说得克萨斯的开拓者们数月不吃面包以及任何由谷物制成的食物，只吃野火鸡的鸡胸肉就能安然度日。在往日美好的时光里，这样的情况很常见，这类食物也很丰富，虽说生存环境不算安全，但人们却并不放在心上。早些年，落基山地区的猎人和皮毛交易商们，可以数月以野牛肉和海狸肉为食。还有一些印第安人和白人，把三文鱼当作食物。他们似乎从来没有因为面包危机而感到痛苦。此刻，羊肉似乎成了最不受欢迎的食物，尽管其品质不错。我们挑出最瘦的部分，忍着恶心，勉强咽下，不料胃部开始抗议，拼力拒绝这令人作呕的东西。喝茶只会适得其反。胃开始倔强地表达自己的意愿，仿佛成了一个有独立思想的生物。我们或许该像印第安人那样，煮些羽扇豆叶子、四叶草、富含淀粉的叶柄和雨伞草的根茎。我们试图不去理会胃的抗议，站起身来，把目光转移到灌木丛和岩石上，直到看到风景的深处。一种沉重的宁静感随之降临，白日的劳作和娱乐时间，都在沉默中渐渐消磨了。午餐时，我们嚼起了美洲茶的叶子，或是嗅一嗅、嚼一嚼美洲薄荷，来缓解那隐隐的头痛和胃痛。这些痛感有时似乎减轻了些，有时又像迷雾一样笼罩着我们。到了晚上，我们吃的还是羊肉，肉片叠着肉片，我们强忍着恶心使劲儿咽，但并没吃多少。抬头望去，星光透过床铺上方的雪松枝丫和针叶，洒在了我们的身上。

7月7日

清晨，我感到一阵无力与不适，这全是因为没吃面包。我很难把注意力集中在那些我素来钟爱的研究上。也就是说，要是没了麦田与磨坊，即便是在天堂般的森林中漫步数日，也不会感到惬意。我们对一块饼干的渴望，就像囚笼中的鹦鹉般强烈，任何一种饼干都行——就算是环球航行时留下来的饼干，我们也不会在意它的卫生和安全状况。不吃肉只吃面包，一直是我在植物学考察中所推崇的饮食方式。茶，也不是必需的。只要有面包和水，再辅以愉悦的工作，就足够了——这种要求并不算高。然而，在这荒野中，人应当学会独立地享受生活，而不依赖于特定的食物。在探讨健康之道时，不难发现，人的身体具有惊人的适应力。就拿生活在极北之地的因纽特人来说，他们的主食是海豹和鲸鱼那油腻的肉。他们的食物中，除了肉，还有浆果、苦涩的草本植物，甚至有时一连数月都只能依靠鲸鱼的油脂生活。尽管如此，这些生活在冰封海岸的居民却个个健壮、快乐、勇敢。同样，我们也听说过那些以捕鱼为生的人，他们除了鱼，几乎不吃别的，但他们的消化系统似乎并未因此而受损。反观我们，却常常挑剔食物不合口，还会因消化不良的折磨显得无助，肚子甚至会发出低沉的咕噜声，就像羊窒息时的叫声一样。我们有大量的糖，我不禁想，或许我们这些好斗的胃，就像那些需要哄骗的孩子，可以用糖果来安抚。于是，我洗好煎锅，把大量的糖煮成糖稀，结果却适得其反。

人类大概是自然界中唯一一种会在进食时弄脏自己的生物，因此我们总是需要经常清洗，并采取各种保护措施，比如戴围裙、使用餐巾等。反观那些在泥土深处觅食的鼹鼠，它们吞食着布满黏液的蚯蚓，却能像泡在水里的海豹和鱼儿一样，保持身体干净，仿佛它们的生活本身就是一场持续的洗礼仪式。我们所见到的那些生活在松脂飘香的树林中的松鼠仿佛也掌握了某种保持洁净的秘诀。虽然它们每天都抱着那些黏糊糊的松果啃，或是在树梢间跳来跳去，但它们的毛发总是干燥整洁的。鸟儿们亦是如此，它们天天忙着清理自己的羽毛，所以总显得那么干净利落。这时，我看见苍蝇和蚂蚁被困在了我们丢在一旁的糖稀里，宛若它们生活在远古时期的祖先被困在了琥珀中。至于我们的胃，就像一块长时间劳作的疲惫肌肉，因过度的蠕动和翻腾而感到疼痛。有一回，在佐治亚州萨凡纳郊外的博纳文都公墓一带，我数日粒米未进，饥肠辘辘，感觉肚里仿佛有什么东西在轻轻摩擦，产生一种难以言说的不甚尖锐的痛感，真的很难受。我们总是梦见面包，这无疑是身体对食物的渴望。我们应该像印第安人那样，掌握从蕨类、雨伞草的茎、百合球茎、松树皮中提取淀粉、觅得营养的技巧。然而，这样的生存智慧，在我们多代的教育中已遗失。荒野中的野生稻或许能救我们一命，我曾在沼泽地的边缘发现一种，但它的种子实在太小了。橡子、松子和榛子都还没有成熟。或许可以尝试剥取松树或云杉的内皮，它们没准能派上用场，为我们提供一些能量。人在特殊境遇下，似乎总想找点刺激，而茶，便是我唯一的慰藉。我以茶为伴，直至微醺。比利则大嚼烟草，我想，那东西或许能暂时麻痹他的感官，减轻他的痛苦。我们时刻睁大眼睛，竖着耳朵，期盼着德兰尼先生的归来。他那双大脚出现在山丘上，该有多美啊！

在内华达山脉这片温暖而热情的土地上，牧羊人和山民们对于食物和住宿的要求总是简单且容易满足的。他们大多乐于接受简朴的生活，对于自然的美丽往往视而不见，认为那些是琐碎之事，甚至是缺乏男子气概的表现。牧羊人常常裹着两条毯子席地而睡，用石头、木块或是马鞍包来当枕头。在休息地点的选择上，他们甚至比狗还要随意：狗在选定一个重要的休息场所前，总会四处走动，挖开松散的树枝和石子，反复调整姿势以求舒适，而牧羊人却只是随意一躺，仿佛是所有寻求休息地的生物中最不讲究的。至于他们的食物，即便他们想要什么都有，但他们的饮食，不管是在食材的种类上还是烹饪的方式上，都算不上精致。豆子、某种面包、培根、羊肉、桃干，偶尔还有土豆和洋葱，就是他们的日常菜单。后两种食物，在重量和营养价值的综合考量下被视为奢侈品。在离家前往牧场时，或许能带上半袋这样的食材，但几天之后就会被吃个精光。

豆子是他们储备的主要食物，因为它便于携带、营养丰富、能长久保存、烹饪起来也颇为简便。然而，关于如何将豆子烹饪得恰到好处，似乎藏有不少玄机。每位厨师都有自己的秘诀，他们将豆子视为珍宝，耐心地烹饪，直到它们在培根的浓汤中入了味。自豪的厨师在让大家品尝过一两汤匙后，总会满怀期待地问："我的豆子味道怎么样？"仿佛他们的豆子必然拥有某种独特的风味，不同于他人以相同方法煮制的豆子。调味料的选择多种多样，可以是糖浆、糖或胡椒；或者，为了加快豆皮软化，他们会在第一次煮豆后把水倒掉，再加入一两勺炉灰或者小苏打。就像酒桶里的酒，在食客口中，世界上没有两锅味道完全相同的豆子。要是有豆子煮出来不好吃，那大家则会说豆子受到了月亮的影响，或是因为日子不吉利，又或是因为生长的土壤不适宜，甚至是那一年的气候不适宜豆子生长。

咖啡在营地厨房也有神奇传说，只是没有豆子锅那样神秘莫测，但也不乏独特之处。一个人轻轻啜上一口，那低沉而满足的咕噜声随之响起，随意地赞叹一句：“这咖啡真不错。”另一个人紧接着啜了一口，又评价说：“没错，这真是一杯好咖啡。”至于茶，它的世界简单明了，只有两种——淡的和浓的，而且越浓越好。最常听到的评价无非是“这茶太淡了”。否则，它就是恰到好处，无须多言。哪怕茶水熬煮了一个小时，哪怕是在烟火中熏得有些焦味，都无伤大雅——谁又会在乎那一点点单宁酸或杂酚油呢？它们只会让那黑色的液体更加浓郁，这对烟鬼来说吸引力十足。

牧羊营地的面包，通常都是用荷兰锅烤制的，加州的大部分营地都用这种办法。有些面包，是用发酵粉制成的饼干，那黏稠的物质往往让人消化不良。然而，大多数时候，面包还是依赖酸面团发酵。每次烘焙时，都会留下一小团酸面团，放在面粉袋里，以备下次使用。荷兰锅，其实是一种铸铁锅，大约五英寸深，直径则在十二到十八英寸不等。先在铁皮盘里和好面，稍微加热锅子，用牛脂或猪油擦拭内壁。接着，将面团放进锅里，向锅边按压扩展，等待其发酵。待到烘焙时，便在火旁铺上一铲煤炭，把锅放在上面，再在锅盖上盖一铲煤炭。其间，需要不时打开锅盖观察，以确保温度适宜。尽管锅的重量也是个不小的挑战，但烤出来的面包总体来说还是相当不错的，虽偶尔会出现焦糊、酸味过重或发酵过头的情况。

终于，德兰尼先生沿着蜿蜒的山谷缓缓走来——我们的饥饿感随之消散，我们把目光投向了群山，明天我们将向云端进发。

我将永远铭记这首个营地，它不仅铭刻在我的记忆中，更深深地融入我的灵魂与血液。那深邃的漏斗状山谷、迷人的树木在星光闪烁的夜空下，展现出它们无与伦比的美丽。山坡上盛开的花海，在宁静的夜幕降临时，花香四溢，如诗如画。河岸两旁的树木郁郁葱葱，河水轻快地流淌，轻抚着垂落的莎草叶子、灌木和长满苔藓的石头，奏出和谐的乐章。水流在水潭中形成旋涡，细流间是小小的花岛，灰白相间的浪花，永远洋溢着欢乐，响起深沉的音调，仿佛是大海的低语。勇敢的小鸟在水花中歌唱，用它们甜美的声音诠释着上帝的爱。而派勒特峰的山脊，连绵的山坡此起彼伏，从一片森林带到另一片森林带，各种树木如同羽化的王者，层层叠叠，波浪般展开。这些被阳光滋养的山林充满了生机，每一棵树都像乐器一般，随着风和阳光奏响生命的乐章。榛树和美洲茶属灌木生长的草地是小鹿最喜欢的牧场，薄荷和秋麒麟草把阳光照耀的山坡染成了一片片紫和黄，地面上灌木丛生，蜂群的嗡嗡声不绝于耳。还有那些山间的黎明、日出和日落——玫瑰色的晨光在星空中升起，渐变成水仙黄，水平的光线迸发而出，穿过山脊，点亮一棵又一棵松树，唤醒并温暖山间的生灵，愉悦地迎接崭新一天的到来。灿烂的正午，象牙般的云朵堆积着，如同神的脸庞，静谧又安详。黄昏时分，树木静静地等待晚安的祝福，这些神圣的、永恒的、取之不竭的自然财富，震撼着每一个在此驻足的灵魂。

第四章　向高山进发

7月8日

我们踏上了通往巅峰的征途。四周传来细微的呼唤，伴随着正午的雷鸣，仿佛在说："攀登吧。"再见了，神圣的山谷，葱郁的树林，繁花似锦的花园，潺潺的溪流，歌唱的鸟儿，活泼的松鼠，悠闲的蜥蜴，还有那无数生机勃勃的生灵。再见了，再见了。

穿越树林，羊群如同蝗虫过境，掀起一片棕色尘土。才离开旧畜栏不远，它们似乎就感觉到了新牧场的召唤，疯狂地向前冲着，穿过灌木丛的缝隙，跳跃、翻滚，宛如决堤的洪水。羊群两边各有一个牧羊人引导着领头羊，但它们已经饿极了，就跟有恶魔在后面驱使似的，只顾拼命向前冲。两个牧羊人忙着解救那些困在灌木中的羊；印第安人冷静而警觉，默默地关注着那些可能离群的羊；两只狗四处奔跑，显得有些不知所措；"堂吉诃德"则远远地跟在后面，努力追赶着这些麻烦的财产。

刚跨过旧牧场的界线，那些饥饿的羊群就安静了下来，宛如山间的溪流。从那一刻起，它们可以悠闲地享受美食，只要确保它们朝着默塞德和图奥勒米分水岭的山顶前进即可。不久，两千个原本饥肠辘辘的肚子就被香豌豆藤和青草填满了，这些曾经饥饿如狼的生物变得温顺可控，咆哮不止的牧羊人也变得温和起来，悠闲地在羊群旁踱着步。

夜幕降临，我们抵达了榛林绿地，这片位于默塞德与图奥勒米河分水岭上的山脊之巅，景色宜人。溪流蜿蜒穿过茂密的榛子林和山茱萸的灌木丛，四周环绕着挺拔的冷杉与松树。我们在这里安营扎寨，篝火熊熊，树脂燃烧的光芒如同晨曦初露，仿佛将积累了数世纪的阳光能量缓缓释放了出来。在那古老阳光的照耀下，周遭的景致在夜幕中显得分外迷人。禾草、翠雀花、耧斗菜、百合、榛树丛和其他高大的树木，环绕着篝火，宛如沉思的观众，带着人类特有的热情驻足聆听着。夜风轻拂，凉爽宜人，我们一整天都在朝着向往已久的云端攀登。空气清新而甘甜，每一次呼吸都如同天赐之福。在这里，兰伯氏松无论在数量上还是在美丽程度上，都达到了极致，山谷沟壑间，全都是它们的身影。虽然偶尔还能见到几棵西黄松，最凉爽的角落里也能找到银杉，但兰伯氏松无疑是这里的主宰，它伸展着长长的枝丫，轻轻摇曳，仿佛在向同伴致意。

如今，我们已攀升至海拔六千英尺的区域。上午，我们穿越了分水岭的平坦地带，那里生长着茂密的熊果树（Arctostaphylos），其中一些是我见过的最为壮观的植株。我对其中一棵进行了测量，其树干直径足有四英尺，在离地面十八英寸处便开始分叉，延伸出众多枝条，形成了一个高有十至十二英尺的圆形树冠，上面缀满了一串串小巧而精致的粉红色钟形花朵。叶片呈现出淡雅的绿色，表面布满了腺点，叶柄扭曲，使得叶片能够挺立。枝条显得有些光秃，因为那巧克力色的树皮极薄极滑，一旦干燥便会卷曲脱落。木材色泽红润，质地紧密，坚硬且沉重。我不禁好奇这些奇特的灌木究竟年岁几何，或许它们与那些古老的松树一起历经了岁月的洗礼吧。当地的印第安人、熊、鸟类以及肥胖的蛴螬都以它的果实为食，那些果实看起来就像是迷你小苹果，通常一面呈粉红色，一面呈绿色。相传，印第安人会用这些果实酿造一种类似于啤酒或苹果酒的饮品。在这里，熊莓也是常见的植物，它们扎根深且牢固，即便山火肆虐，也很少能将它们完全摧毁，因为它们能够从根部重新生长。而且，它们有些生长在几乎不会被山火侵袭的干燥山坡上。我渴望更深入地了解这些植物。

今夜，我心中回荡着溪流的吟唱。榛林溪在它的源头轻柔地哼着歌，宛如林间鸟儿的歌唱。树梢的风，似乎在诉说着深邃的故事，尤其在树叶静止不动时，那声音更是动人心弦。然而夜已深沉，我该去休息了。营地沉浸在一片宁静之中，同伴们早已进入梦乡。在这宝贵的时刻，将数个小时的时光交付给睡眠，似乎略显奢侈。“他赐予他深爱的人安眠。”那些被深爱的人儿啊，他们疲惫不堪，令人心疼，需要睡眠，需要在永恒美丽的自然流转中沉沉睡去，而不是像星星那样，永远凝视着人间。

7月9日

清晨，山间清新的空气让我感到一种野性的欢愉，几乎想要放声歌唱。昨夜，那位印第安人睡在远离篝火的地方，连毛毯都没盖，身上只穿着一条蓝色工装裤和一件被汗水浸透了的印花衬衫。在这高海拔的地方，晚上气温很低，我们递给他毛毯，但他似乎根本不需要。在这般艰苦的环境中，能够不依赖衣物，倒是一件幸事。食物短缺的时候，他随便吃点什么都行——几颗浆果、根茎、鸟蛋、蚱蜢、黑蚂蚁，或是肥大的黄蜂或熊蜂幼虫，也不会觉得有什么大不了的，正如我听闻的那样。

今天，我们沿着主山脊宽阔的顶部行进，来到了仙鹤平原外的一个山谷。这里岩石稀少，却生长着我所见过的最为壮观的松树和云杉。直径有六至八英尺的兰伯氏松也较常见，它们高耸入云，有的甚至超过两百英尺。两种银冷杉（白冷杉和红冷杉）之美，令人叹为观止，尤其是红冷杉（magnifica），随着海拔的升高，愈发常见。在内华达山脉，红冷杉以其雄伟的姿态，成了针叶树中的佼佼者。我曾亲眼见过它们有的植株直径达七英尺，高逾两百英尺，而成熟的植株高度通常在一百八十至两百英尺之间，直径在五至六英尺之间。这些树木的庞大身躯，以及无与伦比的对称美和完美形态，是其他树种难以比拟的。它们的树枝通常是五根轮生排列，从那高耸而笔直的主干水平展开，每一根树枝都像蕨类植物的叶片一样整齐排列，覆盖着浓密的叶片，枝繁叶茂，形成了一种华丽的气质。树顶端的一个粗壮的钝芽，直指苍穹，宛如一根警示的手指。其球果直立于上部枝条上，长约六英寸，直径大约三英寸，圆柱形，两头钝，如天鹅绒般的柔软，看上去格外华丽。种子长约四分之三英寸，呈深红褐色，有着闪亮的紫色翅膀。当种子成熟时，球果便会解体，种子从一百五十至两百英尺的高空释放，借助轻风飘到远方。实际上，正是因为风的到来，球果才会解体，种子才能随风远航。

另一种银冷杉，也就是白冷杉（Abies concolor），以其挺拔的身姿与红冷杉并肩而立。虽然它们的高度和浓密程度相差无几，但白冷杉的枝丫并未像红冷杉那样，以规则的轮生排列展现出秩序之美。它的叶子，也不似红冷杉那样整齐划一，而是多以两排平行的姿态，水平展开。白冷杉的球果与种子形似红冷杉的，却更显小巧，体积不及红冷杉的一半。红冷杉的树皮呈红紫色，沟纹细密；

白冷杉的树皮则呈现出一种沉静的灰色，沟纹宽阔，大自然的笔触在它的身上似乎更加随意。这两种高贵的树种，以其独特的风采，矗立在这片山脉中，成为这片土地上不可磨灭的印记。

在仙鹤平原，我们沿着蜿蜒的小径向上爬，短短两英里内，海拔陡然上升了一千英尺，森林愈发茂密，银冷杉的身影在林海中显得愈发突出。仙鹤平原的名字源于那片位于分水岭之巅、被宽阔的沙地环绕的草甸，那里是蓝鹤休憩和觅食的天堂。这片草甸，长约半英里，一直延伸至默塞德河，中间是莎草的海洋，边缘则零星分布着百合、耧斗菜、翠雀花、羽扇豆和火焰草属的植物，接着是一片布满各种小花的干燥的沙地缓坡——优拿草属、沟酸浆、吉莉草属，还夹杂着一丛丛马齿苋、各种荞麦属以及绚烂的索氏属植物。草甸四周，有着由两种银冷杉和西黄松、兰伯氏松构成的森林屏障，它们在这里似乎达到了美的极致和高大挺拔的巅峰。这里海拔大约六千英尺，对于兰伯氏松和西黄松来说不算太高，对于红冷杉而言又不算低，但白冷杉似乎找到了最适宜的生长环境。在草甸北端约一英里处，有一片巨杉林，它们是所有针叶树中的王者。此外，花旗松和香肖楠也零星分布，还有少量的扭叶松（Pinus contorta，变种 Murrayana），不过它们并不是这片森林的主要树种。三种松树、两种银冷杉、一种花旗松和一种巨杉——除了扭叶松以外，都是高大的树种——在这里和谐地生长，形成了一个在全球范围内都极为罕见的针叶树群落。

我们在宛如童话花园的草甸中穿行，它们或镶嵌在茂密的森林中，或如丝带般沿着山脊蜿蜒。这些草甸上，最引人注目的是那些高大的开白花的加州藜芦，它们的叶片形似船帆，长达一英尺，宽约十英寸，叶脉分明，很像凤仙花——这种百合科植物，长势旺盛，非常喜水。在草甸较为干燥的边缘地带，耧斗菜和翠雀花竞相开放，还有那些高耸的羽扇豆，在及腰的青草和莎草丛中傲然挺立。数种火焰草属植物肆意生长着，与脚下的紫罗兰交织成一幅明亮的画卷。在这片山间草甸上，最引人注目的是一种小豹纹百合，最高的植株有七至八英尺，骄傲地托举着华丽巨大的总状花序，每一束花序上都点缀着十到十二朵橙色小花。它们在开阔的草地上自由地生长，周围恰到好处地点缀着各种草本植物和其他伴生植物，更彰显出它们无与伦比的风采。这是我最近发现的一种百合，它们是真正的山间精灵，在海拔大约七千英尺的高地上，展现出最为旺盛的生命力和最为绚丽的色彩。我注意到，这片草甸上的百合花，大小各异，仿佛每一朵都有独特的故事。它们的差异不仅是因为土壤，更和植株的年龄息息相关。我曾看见一株百合，上面仅有一朵花；而在不远处，另一株百合却开了多达二十五朵花，真可谓花团锦簇。每当想到这些百合草甸会被羊群无情践踏，我的心中便涌起一股难以言说的波澜。大自然数百年如一日，用匠心培育这些球茎，让它们在冬日的霜雪下安然沉睡，用云层为幼苗遮风挡雨，用清新的雨露灌溉它们，滋养出它们无与伦比的美丽容颜，以千百种奇迹守护着这些生命，然而，却任由饥饿的羊群蹂躏践踏。大自然如此慷慨，无私地将阳光洒满每一个角落，无论是陆地还是海洋，花园还是沙漠，植物的魅力都得以释放。大自然将百合的这份美丽赐予了天使与人类、熊与松鼠、狼与羊、鸟与蜜蜂。然而，据我所知，唯有人类和他们驯养的动物才会破坏这些大自然的花园。尽管熊在炎热的天气里喜欢在百合花园中翻滚，鹿也会用它们尖尖的蹄子在花间穿梭，但我从未见过它们真正伤害过一朵百合。它们似乎也在精心地呵护这些花朵，参与播种与养护的过程。

四周的林木与百合花交相辉映，它们的枝丫如同百合的叶片，排列得井井有条。今夜一如往昔，营火的光辉为周遭的一切披上了一层神秘的色彩。躺在银冷杉下，仰望星光下的塔状树尖，星空也仿佛变成了一片广阔的百合花海，壮丽无比，令人心驰神往。在这样一个宝贵的夜晚，我怎舍得闭上双眼？世间的美好，如此触手可及，怎能不让人沉醉？

7 月 10 日

今早，一只机灵活泼的道格拉斯松鼠在树梢间欢快地嚎叫，那些平日旅行时难得一见的林间小鸟在草甸边缘透着阳光的树枝上，悠闲地享受着露珠的滋润——这画面真是赏心悦目。这些枝头上的小生灵，它们那自信而灵动的姿态多么迷人呀！它们似乎总能轻而易举地找到美味又健康的早餐，那么这些早餐又是从何而来呢？如果我们尝试为它们准备一桌由嫩芽、种子和昆虫等组成的美食，并且让它们保持那份纯净、健康和野性的体魄，是多么困难呀！我猜想，它们大抵不会有头痛或其他任何疼痛的困扰。至于那些精力充沛的道格拉斯松鼠，人们几乎从未考虑过它们的早餐，更不要说考虑它们是否会饥饿、是否会生病或者死亡了。它们就像星星一样，超越了上述种种的变化和束缚，尽管有时我们会看到它们忙碌地收集松果，为了生计而辛勤劳作。

我们在林间穿行，海拔不断上升，身后尘土飞扬，模糊了视线，无数的羊蹄踩碎了叶子与花瓣。好在，在这片广袤的荒原上，这一小群羊不过是沧海一粟，无数的花圃都将幸免于它们的践踏。纵使一些幼苗会受伤，但它们也无法摧毁整片森林的根基。不过，要是这些蝗虫过境般的羊群继续繁衍生息，在未来的日子里，它们的经济价值也会随之提高，到那时，恐怕这片森林就难以幸免了。那时，唯有天空能安然无恙，尽管它也可能被尘土和烟雾遮蔽，那是一种因恶劣的牺牲而产生的雾霾。这些可怜的、无助的、饥饿的羊，许多都是大自然里的多余之物，它们的存在似乎缺乏正当的理由。它们生不逢时，不合地宜，然而，它们的叫声却富有一种奇特的人性，激起了我们深深的同情。

我们依旧沿着默塞德河与图奥勒米河的分水岭蜿蜒前行，右侧的溪流轻快地投入了约塞米蒂河的怀抱，左侧的溪流则悠扬地融入了图奥勒米河，它们的歌声宛若天籁。这些溪流穿过了阳光普照、莎草摇曳、百合绽放的草地，几乎在诞生之初就在千沟万壑中欢快地歌唱。我想，这世上再没有比这些溪流更具音乐性的了。它们清澈见底，时而轻声细语，时而欢快跳脱，穿梭在光影之间。它们汇聚成流，跳跃、旋转，从一种形态变幻成另一种形态，愈流愈美，直至最终汇入那些主要的冰川河流。

我怀着日益增长的敬意，望了这些高贵而壮丽的银冷杉树林一整天。在仙鹤平原上，森林略显稀疏，阳光洒落在覆盖着棕色针叶的地面上。每一棵树都以其精致的叶片和优雅的姿态展现出卓越的风姿，而且它们常常六七棵聚集在一起，形成如同寺庙般的树林。这些树的大小和位置井然有序，仿佛它们本就是一体的。这里无疑是树木爱好者的天堂。即使是这世上最不敏感的眼睛，也会被这些树木的壮丽所吸引。

好在羊群并不需要过多的照料，它们悠闲地啃食着沿途的青草，随着牧羊人的引导缓缓前行。自从离开榛林绿地之后，我们一路沿着约塞米蒂小径前行。那些前往山谷的游客，或是从科尔特维尔，或是从中国营地出发，都会经过这里——两条小径在仙鹤平原交会，然后一同向北进入那片著名的山谷。还有一条小径通过马里波萨，向南进入山谷。我们沿途遇见的游客，或三五成群，或十几二十人一队，骑着骡子或小马。他们身着五颜六色的衣裳，排成一队，穿过这片庄严肃穆的森林，惊走了林中的鸟兽，连那些高耸入云的松树似乎也在叹息。当然，我们和我们的羊群也好不到哪里去。

我们在落叶松平原（Tamarack Flat）安营扎寨，距离约塞米蒂的南端不过四五英里。这里，葱郁的森林环绕着一片迷人的草地，一条清澈见底的溪流潺潺流过。溪岸线条柔和，莎草低垂，覆盖其上。这片平原因扭叶松而得名，这种树在草地边缘的凉爽地带尤为常见。在岩石遍布的地区，它长得粗壮有力，树高四十至六十英尺，直径一至三英尺，树皮很薄且富含树胶，枝干稀疏，树冠、叶片和松果都十分小巧。不过，在湿润肥沃的土壤中，它则长得茂密挺拔，有时甚至高达近百英尺。即便是地面直径仅六英寸的小树苗，也能长到五六十英尺高，其外形纤细如箭，和西部地区的落叶松颇为相似。它们因此得名，是名副其实的松科树木。

7月11日

德兰尼先生肩负着勘察约塞米蒂北部的重任，他策马先行，为的是找到一处理想的中央营地。我们无法再向高处进发，因为那些传言中的优质牧场仍被厚重的冬雪覆盖着。营地将安置在约塞米蒂，我很是开心，因为这意味着我将有机会在山巅漫步，饱览新的美景：连绵的山脉、深邃的峡谷、茂密的森林、繁花似锦的花园、静谧的湖泊、潺潺的溪流，还有壮观的瀑布。

在海拔七千英尺的高处，夜幕降临时，凉意袭人，我们为了保暖，不得不把衣服全都盖在毯子上。落叶松溪的水冰凉，清新如香槟，令人精神一振。溪水在草地上悄无声息地流过，水都快溢出来了。不过，我们营地下游几百码的地方，地面是裸露着的灰色花岗岩，大片区域光秃秃的，只有几株小树顽强地扎根在狭窄的裂缝中。不少石头非常庞大，它们没有像风化后的碎石那样随意散落，而是孤零零地躺在干净的地面上，在阳光的直射下发出耀眼的光芒，与我们在密林中常见的斑驳光影形成鲜明对比。这些巨石看上去完全静止不动，周围也没有任何足以移动它们的力量，也没有搬运工具，但它们显然来自远方，颜色和质地的差异就是最好的证据。它们大概是被打磨、运送至此，并各自安放在现在的位置，岿然不动，任由风吹雨打。

这些巨石在这里显得格外孤寂，好似来自异乡的旅人——它们是山峦的坚硬碎片，大自然雕刻山川峡谷时留下的遗作，最大的直径可达三十英尺。那么，它们是如何被雕琢和搬运的呢？我们在地面上发现了线索。石头最坚硬的表面部分，有着整齐划一的划痕和条纹，这表明这片土地曾被一股来自东北方向的冰川覆盖。冰川磨平了山体，刻画并抛光了岩石表面，留下了一种奇异、粗糙、仿佛被擦拭过的痕迹，并在冰川消融之际，随意遗弃了它所携带的巨石。这真是一项令人惊叹的发现。至于我们穿越的森林，它们或许生长在由同样的冰川带来的土壤沉积物上。这些土壤沉积物曾以各种形态的冰碛存在，如今大部分已被后冰河时期的风化作用分解并铺展开来。

落叶松溪在草地上轻快地流淌，它的步伐跳跃而欢快，仿佛在花岗岩的舞台上跳着一场盛大的舞蹈，唱着一曲悠扬的歌，形成了一道道泛着银光、如彩虹般绚烂的瀑布和急流，最终汇入数英里外的默塞德峡谷。在这段约两英里的旅程中，它从高处倾泻而下，落差超过三千英尺，展现了大自然无与伦比的力量和壮丽。

默塞德河的每一条支流都是大自然的歌者，而约塞米蒂则是它们合奏的舞台。从营地出发，只需走上半英里，就能将那著名的山谷尽收眼底，那里的峭壁和树木，如同一幅徐徐展开的壮丽山水画卷，我渴望用一生去解读。山谷的宽广让人不禁感慨人类的渺小与生命的短暂，我们无论如何努力，似乎都无法完全领悟大自然的深邃。但何必要为此哀叹呢？自然界的美丽就在眼前，它足以唤醒我们每一根神经的活力，让我们尽情享受，哪怕它的奥秘超出了我们的理解。落叶松溪啊，继续你的歌唱吧，从雪山之巅汲取力量，让水花飞溅，舞步旋转，勇往直前，奔向大海；在你的旅途中，洗净尘埃，振奋心灵。

这一天，我沉浸在山间漫步的无穷魅力之中，尽情地享受着大自然的馈赠。我画下所见之景，记录下每一处细节，采集着山间的花朵，深深地呼吸着落叶松溪带来的清新氧气。我遇见了一株华盛顿百合，那是内华达山脉中最迷人的百合。它的根茎埋藏在杂乱粗糙的灌木丛中，我想这大概是为了躲避熊的侵扰；它那壮观的花束在低矮的灌木间轻轻摇曳，勇敢的钝鼻蜜蜂在它那富含花粉的花朵中忙碌地嗡嗡飞舞。这花朵的美丽，值得我跨越千山万水来追寻，即使挨饿受累也心甘情愿。

落叶松草地上的小木屋，坐拥着整片草地，仿佛这里的主人。可以预见，随着约塞米蒂的游客越来越多，这里将成为一个宝贵的落脚点。偶尔，迟来的旅行团会在这里停留。这个小木屋是一位白人男子和一位印第安女子的家。

黄昏降临，我漫步在草地上，远离了营地和羊群的喧嚣，步入了古老森林的庄严宁静之中。在这里，一切都在天空不可磨灭的热情下闪耀着光芒。

7 月 12 日

德兰尼先生回来了，我们再次踏上了朝圣之路。他说："从山顶俯瞰约塞米蒂的溪流一带，只能看见岩石和树木；不过一旦走进那片满是岩石的荒野，你就会看见无尽的开满花的河岸与草地，那片土地其实并不贫瘠。我们先去那儿等着，直到高山上的积雪融化。"

听说因为高山积雪我们只能继续留在约塞米蒂的消息，我不禁心潮澎湃，因为我渴望尽可能多地领略这个地区的风光。我将有充足的时间来描绘风景、研究植物与岩石，独自一人在峡谷边缘漫步，远离营地的喧嚣。

今天，我们又邂逅了一群来约塞米蒂游览的游客。不知何故，这些游客似乎对周遭的壮丽景色并不太感兴趣，尽管他们花费了金钱和时间，忍受了长途颠簸之苦才终于来到了这闻名遐迩的山谷。等他们真正踏入这座宏伟的殿堂，聆听到瀑布的颂歌，他们必然会忘却自我，变得虔诚。在这座圣山上的所有朝圣者，都应当受到神的保佑！

我们沿着默诺小径（Mono Trail）缓缓向东行进，午后不久便在瀑布溪（Cascade Creek）畔卸下重负，安营扎寨。这条小径横贯山脉，穿过布拉迪峡谷（Bloody Canon），直通默诺湖（Mono Lake）

北端一带的金矿区。那些金矿刚被发现就被认定是储藏丰富的宝地，激起了一阵淘金热潮，因此这条小径的开辟显得尤为迫切。在溪流难以涉水的地方，人们搭建了简易小桥，清理了倒伏的树木，拓宽了道路，以便运送重物，但大多数路段依旧保持着原有的模样，几乎未动一石一土。

我们沿途所经的森林中几乎全是红冷杉，而白冷杉则因海拔不断攀升而逐渐稀少。但这些红冷杉在高海拔的环境下显得更加茁壮，任何语言都难以形容这些高贵树木的壮丽。在某些地方，由于土壤沙化，无法为树木提供稳固的支撑，许多树木在一场猛烈的风暴中轰然倒下。这里的土壤主要由分解和风化的冰碛物质构成。

羊儿在它们偏爱的裸露岩石上安卧，悠闲地嚼着草料。炊烟袅袅升起，我们的食欲日渐旺盛。山下的居民很难理解高山上的食物，更无法接受沉重的炊具。在这里，无论是用餐、漫步还是小憩，都令人心旷神怡。清晨醒来，总有一种想像雄鸡那样高声啼鸣的冲动。睡眠和消化都顺畅无比，如山间的空气一样。今夜，柔软的松枝将作为我们的床榻，溪流将用瀑布的水声为我们吟唱摇篮曲。没有哪个名字比“瀑布溪”更合适它了，因为我在营地附近追寻它时，它形成了一串水花跳跃的白色瀑布。最终，以超过三百英尺的壮观一跃，结束了它狂野的旅程，坠入约塞米蒂主峡谷底部靠近落叶松溪瀑布的地方——位于山脚下几英里处。这些瀑布的壮丽，几乎可以与约塞米蒂的一些著名瀑布相媲美。我永远也忘不了这些瀑布欢快的声音，它们低沉的轰鸣，咆哮着拍打出银色的浪花，在彩虹般的飞沫中奔腾跳跃；或是在静谧的夜晚，那银色的溪流在黑夜中闪烁，发出多种声音，显得更加壮观。我观察到，这里的小水鸟如同林间的麻雀一样自在，溪水越是喧嚣，它们似乎越是欢欣。那些令人眩晕的峭壁、湍急的水流和瀑布的雷鸣声，无不让人心生敬畏，但小水鸟却毫无畏惧。它们的歌声甜美而深沉，它们在喧哗中飞翔的姿态，无不流露出力量、宁静与喜悦。溪水经常飞溅到它们的巢穴中，这让我想起了参孙的名言："从强大中生出甘甜。"小水鸟比旋涡中的泡沫更加美丽。温柔的小鸟啊，你给我带来了宝贵的信息。或许我们没能领会急流的深意，但它们那甜美的歌声中只有爱。

7月13日

今天，我们一路向东，跨越约塞米蒂溪流的边缘，缓缓下到了谷底的半程，在一片被冰川雕琢打磨过的花岗岩上安营扎寨，这里为我们提供了坚实的床榻。在小径上，我们发现了一只熊的足迹，德兰尼先生便讲起了熊的故事。我说我想一睹这些巨大足迹制造者的风采，观察一下它在荒野中的行踪，在不打扰它的情况下跟踪它几天，以深入了解这位荒野之王的生活习性。德兰尼先生告诉我，那些在低地出生、从未见过熊的羔羊，一旦嗅到熊的气息，便会惊慌失措地逃走，这说明它们生来就对天敌有所了解。猪、骡子、马和牛都对熊心存畏惧，一旦熊靠近，它们就会陷入无法自控的恐慌，尤其是猪和骡子。在海岸地区和内华达山脉地区，人们常常会像放羊一样把猪一群群赶往山麓牧场，因为那里往往橡果累累。然而，一旦熊踏入牧场，猪就会立即逃离，在夜间成群结队地倾巢而动，即使是牧人也无能为力。它们表现得比羊更机智，羊只会四散在岩石和灌木丛中，静候命运的裁决。骡子一见到熊，就会像风一样逃之夭夭，无论背上是否有骑手。如果它们被绑在木桩上，就会拼力挣脱绳索，甚至不惜折断自己的脖颈，但我从没听说熊会伤害骡子或马。熊对猪情有独钟，据说它会将小猪整个吞下，连骨头渣都不剩。德兰尼先生专门告诉我，在这山间的各种熊都非常胆小，猎人们发现，比起鹿或其他动物，接近熊是最困难的。想要一睹它们的风采，必须像印第安人那样心无旁骛地耐心等待。

夜幕低垂，岩石的轮廓在昏暗的光线中变得朦胧。这片土地显得如此原始，充满了青春的气息！仿佛就在昨天，冰川才刚刚消融，它在我们营地四周留下的痕迹依旧清晰可见。我们的马匹、羊群，还有我们自己，都在这光滑的岩石上滑倒过。

7 月 14 日

在这山间清新的空气中，我们睡得很深沉，如同长眠一样，而醒来时又非常迅速。黎明时分，宁静的天空被黄与紫的色彩交织渲染，紧接着，阳光如同金色的洪流倾泻而下，万物都在颤动中闪耀着光芒。

经过一两个小时的跋涉，我们终于抵达了约塞米蒂溪，它滋养着这片土地上最为壮观的瀑布。在默诺小径的交会处，溪面宽约四十英尺，平均深度大约四英尺，溪水以每小时三英里的速度缓缓流淌。从这里到约塞米蒂的悬崖边缘，只有短短两英里的路程，在那里，溪水汇聚成一道令人惊叹的瀑布。溪水的流动是如此平静而美丽，它几乎是悄无声息地滑过，那优雅的身姿令人赞叹不已。两岸绿意盎然，扭叶松和柳树茂密成林，紫花绣线菊、莎草、雏菊、百合和耧斗菜点缀其间，为树林增添了几分生机。有些莎草和柳树的枝条轻触水面，而在树木较为稀疏的地方，阳光洒在平坦开阔的沙地上，它是远古的洪水冲刷形成的。这片土地上，荞麦属、绒毛蓼属和蓼科植物竞相开放，花朵数量之多，简直盖过了绿叶，共同织就了一片生机盎然的花海。间或有几簇马齿苋科灌木，打破了花海的平静。其后是一片闪着光的花岗岩平原，冰川的雕琢打磨让它在阳光下熠熠生辉，宛如镶嵌着无数碎钻的玻璃。在这些岩石的浅凹处，顽强地生长着稀疏的树木，主要是扭叶松，由于生长在贫瘠的裸岩上，所以身形格外纤细。还有几株矮壮的西洋刺柏，它们肉桂色的树皮和灰色的叶片在炙热的地面上显得格外独立，远离了山火的威胁。它们依靠微弱的根系，紧紧抓住大地——这些树木就像是坚韧不拔的山地居民，依靠着阳光和雪水的滋养，可能已经在这片土地上繁衍了千年之久。

站在山巅，我俯瞰着连绵起伏的山脊，它们如同波浪一般，托起了一座座穹顶般的山峰，还有那些如城堡般巍峨的岩石。那些银冷杉形成一片片树林，说明那一带土地相当肥沃。我多么渴望能有时间深入探索这个地方呀！这片界限分明的盆地里得蕴藏着多少值得探寻的宝藏呀！那些冰川雕琢打磨成的奇迹，以及它们提供的科研机会，是多么的宝贵呀！面对着晨光中的山间奇景，我激动得颤抖不已，却只能驻足观赏、惊叹，就像一个充满好奇的孩子，时而采上一朵百合，时而憧憬着未来，希望有朝一日能在这里深入学习研究。

牧羊人和狗费了不少精力和时间才赶着羊群来到了溪边，截至目前，这是他们不得不跨越的第二条大溪流，第一条是在鲍尔洞附近的默塞德河北支。人呼喊着，狗叫着，声音此起彼伏，他们拼命想把那些怕水的羊儿往水边赶，但却没有一只羊有下水的勇气。在这紧要关头，德兰尼先生和牧羊人冲进了惊慌失措的羊群，试图催促前面的羊群过河，但这一举动却导致羊群慌乱逃窜。于是，羊群在溪边的灌木丛中四处奔逃。随后，在狗的协助下，羊群重新集结，再次面对溪流，但又一次集体逃离。混乱的呼喊声和狂吠声打破了溪流原本的宁静，也破坏了瀑布的和谐之美。这混乱的场面无疑吸引了无数好奇的目光。德兰尼先生高喊着："让它们待在那里！就让它们待在那里！"他期待着前排的羊儿不堪驱赶的压力和逼迫，自愿跳入水中，随后整个羊群就会下水过河。然而，事与愿违，羊儿们选择了成群结队地向后逃跑，以逃避驱赶的压力，只留下被踩踏得一塌糊涂的河岸。

但凡有一只羊带头过河，其他羊就都会急忙跟随，但现在却没有一只羊愿意出来领头。一只小羊羔被抓了起来，带过溪流，绑在对岸的一棵树上，它哀号着呼唤它的母亲。尽管母羊在溪流的这一边焦急地呼唤回应，却始终没有勇气下水。利用母羊的母爱引诱小羊羔过河的计划失败了。我们开始担心是不是得绕远路，逐个跨越溪流的支流，要知道，这会耗费数天时间。不过，这么做也并非全无好处，因为我对探寻这条著名溪流的源头充满了渴望。然而，"堂吉诃德"的确固执，坚持让羊群在这里过河。他立刻开始在岸边忙碌起来，砍伐着细小的松树，搭建起一个简易的畜栏，刚好能够容纳挤成一团的羊群。他计划利用溪流作为畜栏的一边，相信这样就能轻松地将羊群赶入水中。

数小时后，畜栏终于搭建完毕，那些笨羊被赶进了畜栏，紧紧地挤在溪流边缘。德兰尼先生挤进了密集的羊群，用力将几只惊慌失措的羊推进水里。可是它们并未游向对岸，而是紧贴着岸边，拼命想要回到同伴身边。接着，又有十几只羊被推下了水。德兰尼先生身材高挑，擅长涉水，他紧随羊儿们跳入溪流，抓住一只挣扎的羊，将它拖到了对岸。但一松手，那只羊立刻跳回水中，游回了它那惊恐的同伴们中间。这展现出了羊天性中不可改变的凝聚力。我想，即便是潘神吹响了他的笛子，恐怕也难以改变目前的局面。我们陷入了困境。这些笨羊似乎宁愿赴死，也不愿跨过这条溪流。我们召开了紧急会议，浑身湿透的德兰尼先生宣布，目前唯一的办法就是饿着它们，所以我们干脆直接在此安营扎寨，让这些被围困的羊饿着肚子，希望它们能在饥饿中恢复一丝理智。经过一段时间的等待，终于，羊群中最前面的一只羊勇敢地跳进了水中，游向了对岸。紧接着，羊群仿佛受到了鼓舞，所有的羊都一拥而上，争先恐后地跳入水中，相互推挤践踏着。我们试图阻止并把它们拉回来，却徒劳无功。德兰尼先生再次跳入混乱的羊群中，左右开弓地将它们分开，就像推开浮在水上的木头似的。溪流也在分散羊群时助了一臂之力，很快，羊群排成了一条蜿蜒的队伍，只用几分钟就全部渡过了溪流，开始安心地吃起草来，刚才的一切仿佛从未发生过。最后竟然没有一只羊丧生，真是个奇迹。我原本以为会有成百上千只羊被卷入瀑布，坠入约塞米蒂河去呢！

时候不早了，我们在渡口稍远处扎营，让湿漉漉的羊群四散开来，自由觅食，直到太阳下山。羊毛在晚风中渐渐干燥，羊儿们也进入了宁静的反刍时间，仿佛忘记了先前的水中闹剧。在我看来，把羊赶进水里的难度甚至比把鱼儿赶出水面的难度还要大。羊的头脑似乎不太灵光，鹿群可以轻巧地游过宽阔的急流，在海面、湖泊上，可以从一个岛屿游到另一个岛屿。羊与鹿相比，显得多么笨拙呀。它们甚至比不上狗，更不用说那些能用尾巴当帆、踩着精心挑选的小木块优雅地横渡密西西比河的小松鼠了。一只羊甚至不能被看作一只完整的动物，似乎只有集结成群，它们才勉强算得上一个不太笨拙的动物。

第五章　约塞米蒂

7 月 15 日

我们沿默诺小径径直向上，在快到盆地东缘的时候，转而向南，踏入一个浅浅的一直延伸至约塞米蒂边缘的山谷。将近正午时，我们到达了目的地并安营扎寨。午餐过后，我迫不及待地攀至高地，从印第安峡谷西侧的山脊之巅看到了迄今为止我见过的最为壮观的景致。默塞德河上游的盆地一览无余，展现在眼前的是宏伟的山峰和深邃的峡谷，还有那些在天际熠熠生辉的白色峰顶。每一幅景象都散发着耀眼的光芒，如同火焰的热力透进我们的肌肤，温暖我们的骨髓。阳光洒满大地，四周一片宁静，没有一丝风来打破这份静谧。我从未见过如此壮丽的景色，山间美景无边无际、无穷无尽。对于那些未曾亲眼见过这般景致的人，我即使使用最夸张的语言描述都无法形容其宏伟，都无法完全传达覆盖其上的灵气和光辉。我心中狂喜，不禁大喊大叫，手舞足蹈，这突如其来的举动让圣伯纳犬卡洛感到十分惊讶。它跑到我的身边，眼中充满了困惑和关切，那模样令人忍俊不禁，也让我恢复了理智。应该还有一只棕熊见证了我的这场表演，因为我才走了几步，就在灌木丛中看见了它。显然，它认为我是个危险分子，于是迅速逃走了，匆忙中还被熊果灌木丛绊了一跤。卡洛则退后了几步，耳朵耷拉着，仿佛有点害怕。卡洛不时地看着我，似乎在期待我去追赶那头熊并朝它开枪，因为卡洛早就见惯了人熊大战的场面。

我沿着山脊缓缓南行，终于抵达了坐落于印第安峡谷与约塞米蒂瀑布之间那近乎垂直的悬崖的边缘。在这里，那闻名遐迩的山谷尽收眼底。那高耸的峭壁，被雕琢成无数形态各异的圆顶、山墙、尖塔和城垛，还有平坦的壁面，一切都在瀑布的轰鸣声中微微颤动。平坦的谷底绿草如茵，阳光下的草地与松树、橡树交织成林；默西河庄严地流淌其间，闪烁着光亮。巍峨的提赛克峰（又称半穹顶山），耸立在山谷尽头，近一英里高，雄伟壮观，栩栩如生，是所有岩石中最引人注目的，总是将人的目光从瀑布、草地乃至山外的群山中，一次又一次地拉回来。这些峭壁那令人眩晕的高度和精致的雕琢，真是大自然的奇迹，是永恒力量的象征。它们在苍穹下屹立了千百年，历经风雨、霜雪、地震和雪崩的洗礼，却依旧充满青春的活力。

我沿着山谷边缘向西漫步，大多数地方的边缘都被岁月磨得圆润，很难找到一处可以俯瞰崖底的落脚点。当我终于找到这样一个位置，小心翼翼地站稳，挺直身体，心中不禁泛起一丝忧虑，担心脚下的岩石会突然裂开或滑落，让我坠入深渊。那可是超过三千英尺深的深渊啊！不过，我的四肢并未颤抖，也丝毫没觉得它们不可靠。唯一让我担心的是，悬崖表面的花岗岩片层会突然断裂。离开那个位置之后，我会一边按捺看见美景的激动心情一边告诫自己：“不要再去那么靠边的地方了。”但在约塞米蒂的美景面前，这种谨慎的忠告显得苍白无力；它的魅力实在是太大了，我的身体几乎不受意志的控制，自主地向前行进。

在这段令人难忘的悬崖边走了大约一英里，我便来到了约塞米蒂溪畔。我凝视着溪流优雅而自信的身姿，看着它在狭窄的河道中勇敢地穿行，唱着最后的山间颂歌，向着最终的命运奔去——它在光滑的花岗岩上流淌一段距离，然后化作绚丽的泡沫，从半英里的高处跌落，进入一个截然不同的世界，汇入默塞德河的怀抱。那里的气候、植被、居民都和这里截然不同。它从最后一个峡谷中涌出，滑过光润的斜坡，形成如蕾丝般细腻的激流，然后汇入一个水潭。在那儿，它稍事休息，平复下激动的脚步，形成灰色的水流，然后缓缓滑过水潭边缘，通过另一个光滑的斜坡，迅速加速后通过巨大悬崖的边缘，带着崇高的使命感，自信地跃入空中。

我解开鞋带，脱下袜子，赤脚沿着湍急的溪流边缘，小心翼翼地向前探寻。两只手紧紧扣住光滑的岩石，听着激流的咆哮，心中激动万分。原以为这陡坡会在山谷的峭壁处变得平缓，让我得以探身一窥瀑布的全貌。然而，眼前却是一个我未曾预料到的陡峭边缘。它于我而言似乎过于险峻了些。细看之下，我发现悬崖边缘有一条仅三英寸宽的狭窄岩架，勉强可以立足。但要越过这个陡峭的边缘，似乎很难。经过一番观察，我发现岩石上有一块不规则的凸起，距离水流边缘不远，或许能作为攀爬时的支点。但旁边的斜坡光滑陡峭，头顶、身旁和脚下的急流，无不考验着我的胆量。我本打算放弃这冒险的尝试，但内心的渴望终究战胜了恐惧。附近岩缝中长着蒿草，我摘下几片苦涩的叶子放入口中，希望它们能帮我平复心绪。然后，我谨慎地移动，安全抵达了那个小岩架，稳稳地将脚跟踩在上面，接着在水平方向上缓缓挪动了二三十英尺，直到靠近了那飞流直下的瀑布，这里的水流已经变得如牛奶般洁白。在这里，我终于得以一览壮阔的瀑布，它分裂成无数细流，像流星一样，欢快地奔腾而下。

我站立在那窄窄的岩架上时，似乎并没有过多地为自己的安危而担忧。瀑布那磅礴的气势、震耳欲聋的声响和奔腾不息的水流，在如此近的距离下，竟安抚住了我的恐惧感。在这样险峻的地方，身体会本能地小心翼翼地守护自己。我在那里停留了多久，最后是如何安全返回的，我几乎无法回忆起其中的细节，但可以肯定的是，我经历了一段非凡的时光，夜幕降临时，我带着胜利的喜悦和深深的疲惫回到了营地。从今往后，我会尽量避免涉足这样让人神经紧绷的地方。然而，这一天的冒险是值得的。第一次目睹了高耸的内华达山脉，第一次俯瞰约塞米蒂的壮丽景色，第一次聆听约塞米蒂溪那仿佛“死亡之歌”的激流声，看着它勇敢地跃下巨大的悬崖，每一幕都足以构成一生难忘的景观财富——这是最难忘的一天——要是有可能，我情愿为这些美景陶醉而亡。

7月16日

昨日午后的欢愉，尤其是瀑布之巅的奇遇，如梦似幻，竟搅扰了我的清梦。昨夜我辗转反侧，半梦半醒间，仿佛我们栖身的山峦基石崩塌了，正向约塞米蒂谷底滑落。我竭力唤醒自己，企图重新进入梦乡，然而神经的紧绷，让我梦见自己在激流与岩石的壮丽洪流中翱翔。某一刻，我猛然坐起，大喊：“这次是真的——我们难逃一死，还有比这更壮烈的死法吗？”

日出后不久，我便离开营地，向东踏上了漫步之旅。我穿行在印第安盆地的红冷杉林中，林下交错生长的山白刺美洲茶和熊果属植物，形成了一道难以逾越的屏障。山白刺美洲茶的尖刺令人望而却步，而熊果属植物的枝条又极为弯曲结实。我沿着峡谷顶端继续前行，越过北穹顶，进入了穹顶溪或波丘派恩河腹地。在美丽的草地上，小豹纹百合和其他野生植物竞相绽放，它们似乎在海拔八千英尺的高度找到了最适宜的生长环境，我甚至发现了一些比我还要高一两英尺的植株。我的目光被上游山脉的壮丽景色所吸引，而那被称为世界上最宏伟岩石的大南穹顶，更是让我赞叹不已。它虽然体形巨大，线条却精致无比，就像是大自然最杰出、最精美的作品，充满了生命力。

7月17日

今天，我们在一个小溪的源头筑起了新营地，这条小溪流经印第安峡谷，最终汇入约塞米蒂。我们计划在此逗留数周，探索大峡谷及溪流的奥秘。在这里，我将尽情地描绘自然，采集植物，研究这片神奇的土地以及生活在这片土地上的动植物，并给我那些快乐的野生动植物邻居画素描。然而，远处那些高耸的山峰，我是否有机会深入其中，与它们为伴呢？

午后，我们遭遇了一场短暂而激烈的雷雨，雷声在山谷间回荡，有的雷近在咫尺，在紧张清冽的空气中炸裂开来，响彻云霄。远处的山峰在云雨之中显得分外壮丽。现在，风暴已经过去，清新的空气里弥漫着花园和树林的芬芳。约塞米蒂的冬季风暴一定更加壮观。但愿我能见到！

我在新营地铺好了床——柔软舒适、香气四溢，主要材料是红冷杉的枝叶，枕头里还塞了各种芬芳的花朵。愿今夜能安然入梦，不再被紧张的梦境困扰。我还看到一只鹿在悠闲地啃食美洲茶属植物的叶子和枝条。

7月18日

昨晚睡得很不错；山谷的峭壁并未崩塌滑落，尽管梦境中我仿佛仍站在那白色瀑布的边缘，在半梦半醒之间，这种感觉尤其强烈。让人难以理解的是，如今我身处瀑布一英里外的这片宁静森林中，反而比当时站在瀑布边缘更加胆战心惊。

这里似乎经常有熊出没，从它们留下的足迹便可发现。正午时分，我们再次遭遇了一场雷阵雨，伴随着尖锐的雷鸣，那金属般的轰鸣声逐渐远去，化作远处的低沉回响。有那么几分钟，雨水如瀑布般倾泻而下，紧接着是冰雹；一些冰雹的直径甚至达到了一英寸，坚硬又冰冷，形状不规则，跟威斯康星州常见的冰雹差不多。卡洛用闪烁着智慧光芒的眼神惊讶地看着这些冰雹穿透颤抖的树枝落在地上。云层壮观无比。午后宁静而晴朗，空气中弥漫着杉树、花朵以及大地蒸腾的清新气息。

7月19日

我欣赏了黎明时分日出的壮美景色。天空由浅玫瑰色和紫罗兰色逐渐变为水仙花的黄与白，阳光透过山峰，洒向约塞米蒂的穹顶山，点燃了山巅的轮廓；中间地段，银杉的尖顶捕捉到第一缕光芒，我们营地的树林洒满了光辉。万物苏醒，生机勃勃：鸟儿开始歌唱，无数小虫也忙碌了起来；鹿儿悄无声息地退入灌木丛的深处；露珠消散，花朵绽放，每一个生命都在雀跃，每一块岩石都在欢呼。整个大地仿佛一张热情洋溢的面孔，而蓝天在地平线附近染上了淡淡的奇幻色彩，宛如一朵巨大的花朵，静静地笼罩着万物。

正午时分，巨大的积雨云一如往常地在林海上空堆积，随之而来的是我生平见过的最为壮观的暴雨。银色的锯齿状闪电比平日更加修长，金属撞击般的尖锐雷声动人心魄，而且声音异常集中，仿佛每一次雷击都足以将山峰劈成两半。当然，实际上或许只会击倒几棵大树。最终，清脆的雷声被低沉的轰鸣取代，并渐渐消失在山谷深处，宛如归家的游子。紧接着又是一连串的雷鸣，一棵棵参天的松树或冷杉被劈开，裂成长条和碎片，四散飞落。随之而来的是大暴雨，流动的巨大雨帘笼罩在高低不平的大地上，像皮肤一样覆盖在崎岖的地面上，岩石都闪耀着光亮，溪流涨满，用怒吼和雷声共鸣。

追溯一滴雨的历程是多么有趣呀！从地质学的视角来看，第一滴雨落在新生的、光秃秃的内华达山地上的历史并不久远。可如今，这些雨滴是多么不同呀！它们能洒落在这方苍翠的荒野上是何等幸运呀！每一颗雨滴都寻得了最佳落脚点——或在山顶上，或在晶莹的冰川上，或在巍峨的山峦上，或在林间、花丛中以及冰碛的石堆上，跳跃着，闪烁着，轻拍着，冲刷着。有的融入山顶的积雪中，为本就丰富的水源宝藏增添了新的储备；有的注入湖泊，清洗着山间的明镜，轻抚着它们平滑的表面，激起了涟漪和泡沫；有的汇入瀑布与溪流，急不可耐地加入了它们的舞蹈与歌唱，使泡沫更加细腻。幸福的山雨，每一滴都是一个高山瀑布，从云中王国的峭壁与山谷，跌宕至岩石世界的悬崖与洼地，从天上的惊雷中跃进溪流的轰鸣里。有的落在草地和沼泽上，悄无声息地消失在草根之间，就像是藏进了柔软的被窝里，缓缓渗到地下，四处游走，直到完成它们的使命；有的穿过树林的尖顶降落，洒在闪亮的针叶上，对每一片叶子送去祝福与问候。一些雨珠轻巧地落在晶莹的矿石边缘——石英石、角闪石、石榴石、锆石、电气石、长石——轻拍着金砂和沉重的天然金块。有的雨滴幸运地落在了藜芦、雨伞草和兜兰的宽大叶片上，有的则轻吻着百合花的唇瓣。无论是大小花萼，还是溪流湖泊，都在这雨水的眷顾下再度充盈。每一滴雨都是新生的银色星辰，在这片祝福的洪流中熠熠生辉，湖泊和河流、花园和树林、山谷和山脉，每一处景致都映照在它们的晶莹里。它们是神的使者，带着庄严和力量，将爱送往人间。在大自然面前，人类最伟大的演出都显得微不足道。

暴风雨过后，天空一片澄澈，最后的雷声渐渐消散在山峰间，那些闪亮的雨滴如今去往何处了呢？它们有的化作了轻盈的蒸气，迅速返回天空；有的融入了植物的血脉，穿过无形的门扉，进入细胞的圆形殿堂；有的被冰晶囚禁，有的藏在矿石晶体中，有的融入多孔的冰碛，形成涓涓细流；有的则在河流中继续它们的旅程，奔向大海的怀抱。它们从一种形态变成另一种形态，从一种美丽过渡到另一种美丽，变化不止，奔流不息，带着爱的热情，与星辰一同唱响永恒的创世之歌。

7 月 20 日

清晨，空气宁静而清澈，没有一点风，万物都挂着晶莹的露珠，仿佛饮用着星辰洒落的甘露。岩石上，水晶般剔透的露珠闪烁着；植物上，露珠如同珍珠般璀璨。每一滴露珠都凝聚着无数细微的分子，像青草一样，在黎明前的黑暗中静静长大。大自然慷慨地赐予这片荒野以雪、雨、光、雾、云、露、风，以及各种变幻莫测的天气，使得植物与植物、动物与动物之间的互动远远超出人类的想象。大自然的笔触是多么的细腻啊，在美丽的外表下隐藏着更深层次的美。地面上铺满了矿石晶体，晶体上长满了苔藓、地衣和矮小的草与花，层层叠叠，色彩和形态变幻无穷，冷杉的宽大叶片覆盖其上，高高的蓝天宛如钟形的花冠，星辰宛如天空花园里的奇花异草。

远处，南穹顶山巍然耸立，顶峰高过我们营地不少，地基却在我们脚下四千英尺的地方。那是一块充满智慧的岩石，被生机勃发的太阳光辉环绕着，根本不像是一块死气沉沉的石头，它既不重也不轻，就像神明一样坚定稳重。

在这片荒野，牧羊人仿佛是一个格格不入的存在，难以用一个简单的标签来定义。他在松软的红色腐殖土中挖了个洞，当作床铺，躺在上面，背靠着畜栏南边的一根木头。他穿着那件从不脱下的衣衫，裹着一个红毯子，晚上似乎决意要呼吸腐木和畜栏的土气，尽管白天他已经嚼了一天烟叶了。他的腰间挂着一把沉甸甸的手枪，里面装着六发子弹；另一边则是他的午餐袋，袋子里是刚出锅的肉，那油润的肉汁透过布料滴落，如同钟乳石一般悬在他的大腿和屁股上。他的衣裳，尤其是那条裤子，由于油脂和树脂的渗透，变得异常黏糊，吸附着自然界的一切——松针、树皮碎屑、动物毛发、云母片、石英石、角闪石的小碎片、羽毛、种翅、昆虫残骸、花瓣和花粉，就像是一部自然百科全书，记录着那些他未曾探寻的奥秘。他的裤子从未脱下来过，随着岁月的积累，它们逐渐增厚，如同地层一般，记载着时间的痕迹。

除了牧羊，比利还兼任屠夫，而我则负责清洗铁制和锡制炊具，并负责烤面包。等这些琐碎的事务处理完毕，太阳就已经高高升起了，这时我就可以离开羊群，在这片荒野中悠游，享受和大自然相处的美好时光。

今天我在北穹顶山上画素描，在这里几乎可以俯瞰整个山谷。我多么想将这一切——坚硬的岩石、挺拔的树木、细腻的叶子，都收入画中。然而，我只能勾勒出简单的线条，那是只有我自己才能理解的符号。尽管如此，我依然不厌其烦地磨尖铅笔，继续我的素描，仿佛我的画作能够触动他人的心灵。至于这些素描是会像秋日的落叶一样随风飘散，还是会像信件一样寄给远方的朋友，根本不重要。对于那些未曾踏足这片荒野的人来说，素描所能传达的，实在是太少了。在这里，没有痛苦，没有无聊的时光，没有对过去的忧虑，也没有对未来的恐惧。这些神圣的山脉，充满了上帝的荣光，个人世俗的愿望和经历，在这里根本不值一提。喝一口清澈的山泉水，是何等的甘甜；吸一口充满生机的空气，是何等的清新。每一个动作，都是享受；每一次呼吸，都是与自然的交融。当身体沐浴在美景之中，仿佛每一个细胞都能感受到这份美丽，就像感受到篝火的温暖或阳光的照耀，这种愉悦，难以言表。身体似乎变得透明，如同水晶一般清澈。

我停留在约塞米蒂的穹顶山上晒太阳，凝视着，描绘着，享受着……我常常沉浸在对周围美景的无声赞叹中，没有明确的目的，只是怀着一种渴望和努力，谦卑地匍匐在上帝伟大力量跟前。我渴望通过不懈的努力和自我牺牲，去学习那神圣手稿中的每一个篇章。

感受约塞米蒂的壮阔，远比用言语描述它更简单。这里的岩石、树木、溪流和谐共存，它们自身的宏伟并不太引人注意，因为都在不经意间融入了自然。在约塞米蒂，一片广袤的草甸铺展在三千英尺的悬崖之下，树木挺拔，就跟低地山坡上茂密的草地一样。

这片草甸宽一英里，绵延七到八英里，差不多是一个农夫一天割草皮的工作量。悬崖之上，悬挂着五百至两千英尺的瀑布，它们轻盈如烟，飘逸如云，尽管它们的轰鸣声在山谷中回荡，震撼着岩石。东方的群山渐次升高，山脉间波涛般起伏的曲线，深色的森林沉睡其中，显得生机勃勃，充满活力，也使得约塞米蒂的宏伟壮阔更显隐秘、细腻。当你试图欣赏它的细节之美时，却常常被它那气势磅礴的美感所淹没。这似乎还不够，天空中又升起了一片大山形状的云彩，地形之崎岖、形体之庞大与地上的山脉无异——雪峰和穹顶，在阴影里的约塞米蒂山谷——这简直就是内华达山脉的翻版，预示着暴风雨即将来临。

大自然的爱，既狂野又虔诚，她以温柔而狂热的笔触，绘制出百合花的娇艳，一株株细心浇灌，宛如园丁般轻柔抚摸。同时，她也塑造着山峦，以及雷电交加、雨露滋润的云层。我在悬崖的庇护下，细细观察那些在岩缝中顽强生长的蕨类和苔藓，它们是大自然温柔爱意的见证。还有那些雏菊与常春藤，这些信心满满的旷野之子，虽小却无畏风暴。我和它们心意相通，连风暴的声音也变得柔和悦耳。雨后太阳终于穿透云层，香气四溢的蒸汽升腾而起，林边的鸟儿开始欢唱。西边的天空被金色与紫色点燃，拉开日落的序幕。我带着笔记和素描回到营地，那些珍贵的记忆已深深刻在脑海，进入我的梦里。这收获满满的一天，没有明确的起点或终点，仿佛是尘世的永恒，是上帝的恩赐。

我给母亲和几位朋友写信，诉说山中的点点滴滴。他们似乎离我很近，仿佛就在身边。在这深沉的孤独中，我几乎感觉不到寂寞，朋友们似乎与我更加亲近了。吃完面包喝完茶，躺在冷杉床上，跟卡洛道一声晚安，我仰望着繁星点点的天空，在另一个山间黎明到来之前沉沉睡去。

7 月 21 日

今天我继续在穹顶山上画素描——天空晴朗，阳光明媚；正午时分，云朵在天际铺开，如同一层薄薄的纱，为溪流源头的雪白山峰投下温柔的阴影，也为花园带来了一丝凉爽。

在这里，我遇见了一只再普通不过的苍蝇、一只蚂蚱和一只棕熊。苍蝇和蚂蚱在穹顶欢快地跟我打招呼，而我也有幸在山顶和营地之间的草地上，与一只站立的棕熊不期而遇——它似乎并不介意我的注视。清晨时分，我才离开营地不到半英里，在我前边不远处奔跑的卡洛突然间警觉地停下了脚步。它的尾巴和耳朵都耷拉下来，向前探出敏锐的鼻子，仿佛在低语："哦，这是什么味道？我猜是熊。"接着，它又小心翼翼地向前走了几步，脚步轻盈得像一只猫，试图捕捉空气中的每一丝气味，直到所有的疑虑都烟消云散。然后，它回到了我的身边，用它那充满智慧的眼神看着我，仿佛在对我说，附近有一只熊；接着，它像一个经验丰富的猎人一样，小心翼翼地引导着我向前走，不发出任何声响；它不时地回头，那眼神仿佛在对我说："没错，是一只熊；跟我来，我带你去找它。"不一会儿，我们步入了一片林间空地，阳光从紫色灌木和冷杉树干间透出。卡洛来到我的身后，似乎确信熊就在不远处。我蹑手蹑脚地爬上了一座低矮的冰碛岩石，期待能在这片狭窄的草地上与熊不期而遇。我渴望在不惊扰它的情况下，近距离观察这位山野强者。于是我屏息凝神，躲在一棵大树后，只露出半张脸，越过凸出的树干向前看。熊就在不远处，它的屁股被高草和野花半掩着，前爪搭在一棵倒地的冷杉树干上，脑袋高高抬起，仿佛在观察四周。它尚未发现我，但那专注的眼神和倾听的姿态表明，它已经意识到了我们的接近。我静静地观察着，试图在它发现我之前，多了解一些这位山野居民。我听说，这种肉桂色的熊通常会主动避开人类，除非受伤或为了保护幼崽，否则不会轻易发起攻击。它站在阳光普照的林中花园里，构成了一幅和谐的画面。它的体形、颜色与周围的树木和植被十分融洽，仿佛是这片风景中不可或缺的一部分。我端详着它那前凸的尖嘴、胸前的长毛、几乎隐藏在毛发中的耳朵，以及它那缓慢而沉重的头部动作。我渴望看到它奔跑的英姿，于是突然向它冲去，一边呼喊一边挥舞着帽子，试图吓跑它。然而，出乎我的意料，它并没有逃跑，也没有表现出任何逃跑的迹象。相反，它稳稳地站在那里，低下头，向前探出口鼻，用那锐利而凶狠的目光紧盯着我，准备应战。接着，我心中突然涌起一股不安，仿佛该逃走的是我才对！然而，我的脚像是被熊的威严定住了似的，一步都挪动不了。我们就这样相互凝视着，在这肃穆的寂静中，隔着约莫十步的距离。我多么希望人类的目光能像传说中的那样，对野兽有着强大的震慑力。这场紧张的对峙持续了多久，我已经记不清了，但最终，随着时间的缓缓流逝，它慢慢地将那巨大的爪子从树干上移开，迈着庄严的步伐，从容地走向草地。它不时回头望向我，似乎在确认我有没有跟上来，接着再继续往前走。显然，它对我既没有太多的恐惧，也没有完全的信任。这只熊约莫五百磅重，是一只巨大的铁锈色的野性生灵，栖息在这美好的天地间。那片花园般的空地，是我所见过的最迷人的地方，是自然界珍稀植物的温床。高耸的百合在它背后摇曳生姿，老鹳草属、翠雀花、耧斗菜和雏菊轻轻拂过它的身体。这里宛若天使的居所，而非熊的领地。

在这片伟大的峡谷中，熊的地位是至高无上的。这些幸福的家伙，从没饿过肚子，因为这里可供它们食用的食物有成千上万种。它们的食物，随着四季更迭，如同储藏室中的物品一般，摆满了整座大山，让人目不暇接。棕熊可以随意地爬上任何一座山，品尝并享受不同气候带上的任何一种食物，就像已经跨越了数千英里，在南方北方的不同国度里享受着各式美味佳肴。我多么渴望更加深入地了解这些毛茸茸的伙伴——尽管今早，在我的邻居，那只约塞米蒂的熊，悠闲地走出我的视线后，我还是极不情愿地返回了营地，拿起堂吉诃德先生的步枪，做好了保护羊群的准备。幸运的是，我没有找到它，在追踪了一两英里后，我祝愿它一路顺风，便愉快地回到约塞米蒂的穹顶山上继续我的工作了。

苍蝇似乎也很自在，在我坐着画素描，享受着与熊的邂逅后的余下时光时，一直围着我嗡嗡叫。我很好奇是什么吸引家蝇到这么高的山顶上来的，它们不仅吃得多，而且很怕冷，又喜欢家居的舒适。它们跨越海洋、沙漠和山脉，普遍存在于每一个大洲，而这些通常对植物和动物的种类边界有很大影响。甲虫和蝴蝶的生存范围，有时被限制在很小的区域内。一个山脉中的某一座山，甚至一座山上的不同区域，可能都有其特有物种。然而，家蝇却无处不在。不知在远离尘嚣的岛屿上，是否有一处净土，未曾被蝇类侵扰？在我所在的这片风光旖旎的树林中，有不少绿头苍蝇，它们繁殖能力惊人，总是带着一大家子围着腐肉转。大黄蜂也在这里安家，它们享受着无尽的花蜜与花粉，生活得无比滋润。至于蜜蜂，虽然在山脚下颇为常见，但似乎还未涉足这片高海拔区域。要知道，数年前，第一批蜜蜂才被引入到加利福尼亚州。

蚂蚱是山间的小精灵，它们在山间自由地跳跃，就像是在云端起舞。今天下午，它们在山顶为我献上了一场歌舞盛宴。它们似乎有着无穷无尽的活力，每一次跳跃都在空中画出优美的弧线——高高跃起二三十英尺，然后迅速下落——在低处振翅，发出尖锐而欢快的鸣叫。它们的表演，是一次次地振翅高飞，再安静降落，无忧无虑，充满了快乐。每一次的起落都紧密相连，宛如空中悬挂的一串珍珠。在这个世界上，很少有生物能展现出如此的热情和纯粹的欢乐。这只红腿蚂蚱，是山里的快乐使者，它的生命似乎是由纯粹的快乐凝聚而成的。它的欢乐，在崇山峻岭间回响，将所有的忧愁都化作了笑声。在它欢快的舞步中，大自然似乎在嘲笑世间的悲哀。它的音乐，只在急速下坠时响起，仿佛这舞动的力量激发了它体内的音符——因为它俯冲得越猛烈，随之而来的音乐声也就越响亮。我试图在它表演的间隙仔细观察它，但它总是警惕地盯着我，时刻准备再次起舞。这小小的蚂蚱，在如此宏伟的穹顶山上为我展示了一曲绝妙的生命赞歌，这凸起的巨大石头竟成了它的舞台。它的生活无拘无束，每一天都是节日。即使它终将如落叶与花瓣般静静地归于自然的怀抱，也无须人间的哀悼。

随着黄昏的降临，我踏上归途，回到营地，向我的三位伙伴致敬——棕熊，那美丽如伊甸园的花园和树林中的力量强者；四处飞舞的苍蝇；生机勃勃的蚂蚱。它们共同点亮了我的山中之旅。感谢你们这一天的陪伴，愿天使指引有翅膀和四肢的生物。晚安，我的三位朋友，晚安。

7 月 22 日

清晨，营地的宁静被一只黑尾鹿的轻盈跃动打破，它那大大的鹿角如同生命的旗帜，昭示着它的活力与优雅。在这片未被驯服的荒野中，野生动物的力量与美丽是大自然精心呵护的产物，这让我不禁对那些被人类圈养的家畜的命运感到担忧。然而，自然界的繁衍之道似乎总是指向完美。鹿，与其他野生动物一样，身体洁净得如同它刚从清澈的溪流中走出一样。无论是在警戒还是在休息，它们的动作和姿态都散发着令人惊叹的美，甚至比它们跳跃时展现的力量更迷人。它们的每一个动作、每一个姿态，都是一首优雅的诗，是雅致与运动的和谐乐章。大自然，这位常被误解的母亲，实际上拥有着非凡的睿智和无限的温柔，无论在何种环境下，她都给予她的孩子们无微不至的关怀和爱护。越是观察鹿，我越是惊叹于它们作为山林行者的能力。它们以一种宁静的力量在最荒凉的地方穿行，无惧艰难险阻，跨越峡谷和激流，展现出大自然赋予的美丽与勇气。无论是在佛罗里达的草原，还是在加拿大的密林，抑或是在北方布满苔藓的冻土带，鹿都以其坚韧的生命力，为每一处风景增添了一抹亮色——它们是大自然的杰作，是大自然的骄傲和荣耀。

今天，我在营地东边几百英尺的花岗岩山脊上，为一棵银冷杉画素描。这棵挺拔的大树，诉说着一件关于特大暴雪的往事。它高约百尺，长在裸露的岩石上，扎根在一寸宽的裂缝中，根部向外扩张，形成坚实的基座以支撑其庞大的身躯。那场来自北方的暴风雪，在其尚是小树的时候，差点把它摧毁。这一点，从那死去的、风化的老树顶便可窥见，它斜倚在生机勃勃的树干之外，而那树干，正是从断裂处下方新长出来的。死去的枝干上的年轮，记录着那场暴雪的年份。令人惊叹的是，水平生长在树干周围的枝干中，有一枝弯曲向上，直立生长，取代了原本的主轴，孕育出一棵新的生命。

此外，还有许多其他树木，包括松树和冷杉，都见证了那场暴风雪的毁灭性。狂风呼啸而过，一些高五十至七十五英尺的巨木被折断，如同野草一般被掩埋在泥土里，整片森林仿佛被无情地剃光了，直至春回大地，冰雪消融，它们才得以重获新生。随后，那些坚韧的幼苗，在春风的吹拂下，再次昂首挺胸，有的几乎恢复了笔直的姿态，有的则保留着程度不同的弯曲或倾斜。至于那些不幸被折断的树木，则在断裂处以下努力萌发出新的枝丫，企图将其培养成新的主干。这情景，宛如一个脊椎遭到重创的人，被迫弯腰前行，却在伤处下方奇迹般地长出新的脊梁，渐渐长出新的手臂、肩膀和头颅，而那旧日的受损部位，随着时间的流逝，渐渐消逝于无形。

正午时分，我再次仰望那座壮丽的白色云山，它像往常一样幻化出千变万化的山脊和山脉。大自然仿佛对这项创作情有独钟，日复一日，不辞辛劳地雕琢着，创造出永不枯竭的美景。几道闪电划破天际，下了几分钟的急雨以后，天空逐渐放晴，云彩也缓缓散去。

7 月 23 日

又是一个午后，天空的云彩上演着一幕幕令人叹为观止的壮丽景象，这是难以用画笔或言语描述的。对于云，我们凡人能说些什么呢？当我们试图描绘它们那宏伟的发光穹顶、山脊，以及阴影中的深渊和峡谷，还有那羽毛般的沟壑时，它们早已随风而逝，不留一丝痕迹。然而，这些瞬息万变的云山，与脚下坚固的花岗岩一样，都是真实而有意义的存在。它们从被创造到消逝不见，这世间的长短在造物主的日历上，并无太大差距，也并不重要。我们只能在敬畏与崇拜中，对它们念念不忘，那份快乐，即使向最亲密的朋友倾诉，他也未必能理解。我们要知道，云的每一块晶体以及每一缕水蒸气，无论坚硬还是柔软，都不会真正消失；它们只是暂时沉降，然后再次升起，以更加高远、更加美丽的形态重现。至于我们自己的工作、责任、影响，无论多么微不足道，多么忙碌与慌乱，都会产生其应有的效应，哪怕我们像石头上的苔藓一样默默无闻。

7 月 24 日

午后，云朵铺满了半边天，带来了一场历时半小时的瓢泼大雨，冲刷着这世间最纯净的景致。雨后的世界，清新得令人惊叹！海洋的澄澈也难以与那些冰川雕琢的路面、山脊、穹顶和峡谷相媲美，雪峰上熠熠生辉的白雪宛如海浪顶端的泡沫。最后一片云彩散去，天空恢复了它的澄澈，树林显得分外清新宁静。几分钟前，每棵树都在狂风暴雨中尽情摇摆，热情地挥舞着它们的枝丫，仿佛在进行一场祭祀。然而，尽管此刻树木看似已经安静了下来，但它们的歌声却从未停歇。每一个细胞都因音乐和生命而悸动，每一根纤维都像琴弦般振动，富含香脂的花朵和叶片则不断释放着香气。显然，山丘和树林自古便是上帝的圣殿，越多树木被砍倒建成教堂，上帝本身的光辉就越模糊越黯淡。石头圣殿亦然。营地东侧的树林中，矗立着一座大自然的教堂，高约两千英尺，由充满生机的岩石雕琢而成，几乎保持着传统的形式。树顶和山巅装饰了它，它在阳光的照耀下闪闪发光，就像树林圣殿一样生机勃勃，被形象地称为“主教峰”（Cathedral Peak）。就连牧羊人比利，也会时而将目光投向这座奇妙的山峰建筑，尽管他对所有石头的布道都置若罔闻。在上帝的美丽光辉中却无动于衷的愚钝，也许比火中不融的雪更奇怪。我一直试图说服他去约塞米蒂的边缘地带欣赏一下那壮丽的景色，并主动提出帮他看管一天羊群，让他有机会欣赏一下那些从世界各地慕名而来的游客所看到的风光。然而，尽管他离那个著名的山谷只有一英里，他却连一眼都不愿意去瞧，哪怕纯粹是满足自己好奇心。“约塞米蒂不过是个峡谷，一堆石头，一个地上的坑，一个危险的地方，可能会掉下去，最好离远点。”他说。“想想那些瀑布，比利——想想我们那天看到的那条溪流，从空中倾泻而下，足足有半英里——想想那场景，还有它发出的轰鸣声。你现在就能听到，像海浪的咆哮一样。”我像传播福音的传教士一样，极力向他描绘约塞米蒂的美景，但他根本不为所动。“站在那么高的峭壁上，我会害怕的，”他说，“我肯定会头晕目眩。那个地方没什么好看的，除了石头还是石头，我在这里已经看得够多了。那些花钱来看石头和瀑布的游客都是傻瓜，事情就是这样，你骗不了我。我在这儿待了那么长时间，不会上当的。”我想，他的灵魂或许还在沉睡，又或许是被琐碎的乐趣和忧虑遮蔽住了。

7 月 25 日

又是一场云海盛景。有些云朵仿若熟过头的果实，湿涔涔的，被风撕扯成碎片，就像被丢在天上的垃圾一样。不过，这里夏日正午的云朵却截然不同。它们每一朵都那般迷人，轮廓分明，曲线流畅，宛如冰川打磨过的穹顶山。十一点左右，它们开始缓缓生长，从我们的营地望去，它们那么清晰，似乎触手可及，让人不禁想要爬上去，追溯那些从它们的阴影中涌出的溪流的源头。它们带来的雨水通常磅礴而下，如同山岩间倾泻的瀑布，壮观无比。在我所有的旅途中，我从未见过比这些正午的云山更新奇更壮观的景象。在它们迷人的色调、庄严的生长过程、变化万千的形态以及整体的美感面前，任何语言都显得苍白无力。我时常想起雪莱的《云》："白雪经过我的筛子，洒落山间。"

第六章　霍夫曼山和特纳亚湖

7 月 26 日

漫步到霍夫曼山顶，这里海拔一万一千英尺，是我人生旅途中脚步所及的最高点。四周景色何其壮阔，新鲜的植物、新鲜的动物、新鲜的矿物晶体，还有那些比霍夫曼山更加巍峨挺拔的山峰，沿着山脉的轴线排开，庄严而雄伟，盖着白雪，沐浴着阳光，山脊和穹顶闪动着光芒，森林、湖泊和草地点缀在山谷间，纯净的蓝天像风铃花一样，笼罩着这一切——这是踏入全新世界的荣耀之日，大自然仿佛在温柔地召唤："再往上走走吧。"对这宏伟的景象，我了解得少之又少，心中有不少疑问，我热切地希望，有朝一日能够了解更多，理解这些神圣符号在这奇妙篇章中的深意。

霍夫曼山如同山脊的王冠，孤傲地耸立在主山脉轴线之外约十四英里处，或许它也曾是这山脉的一部分，最终却因岁月的侵蚀而逐渐被孤立。南坡的潺潺溪水，汇聚成特纳亚溪与穹顶溪，最终投入约塞米蒂山谷的怀抱。而北坡的涓涓细流，一小部分汇入图奥勒米河，大部分则沿着约塞米蒂溪，缓缓流向默塞德河。这里的岩石，以花岗岩为主，偶尔穿插着红色变质页岩，它们或呈柱状，或似城堡遗迹，全都源自大自然的鬼斧神工。石头上都有裂纹，就像被精心雕琢过的砖块，让人不禁想起《圣经》中的一句话："他建造了山脉。”在霍夫曼山的北麓的陡峭山坡上，堆积的积雪和冰川，为约塞米蒂溪提供了源源不断的水源。而南麓相对平缓，更容易接近。山顶上，狭窄的峡谷如同天然的滑道，由抗蚀性较弱的地层被侵蚀而形成。这些峡谷常被称为“魔鬼滑道”。尽管它们远高于魔鬼可能出没的地方；尽管我们听说过魔鬼攀登高峰的故事，但他显然不擅长登山，因为在树林生长线上，他的足迹鲜少出现。

苍茫的灰色山巅，远观近乎荒芜，岁月的风霜似乎已将其摧残得毫无生机。不过，当你走近细看就会发现，这片土地上生长着数不胜数的迷人植物，它们叶片细小，花朵微小，以至于在数百英尺之外，几乎无法察觉它们的颜色。湿润的山谷地带，成片的天蓝色雏菊展开笑颜，还有几种绒毛蓼属、丝般叶片的伊薇莎属、钓钟柳属、直果草属，以及数丛报春花属灌木点缀其间。在这里，我还发现了线香石楠属，一种迷人的开紫色花朵长石南般深绿色叶片的植物。此外，还有三种对我来说是新发现的树种——一种铁杉（Tsuga mertensiana）和两种松树。这种铁杉是我见过的最美丽优雅的针叶树：它的枝条和主干以一种奇异的柔美姿态垂直而下，茂密的针叶围绕着那细腻、敏感、摇曳的枝条。此时正值花期，树上的花朵连同去年的无数球果紧贴在垂直而下的枝条上，展现出丰富的色彩，棕色、紫色和蓝色交织成一幅生动的画卷。我欣喜万分地爬上第一棵树，沉醉于这自然之美。花朵的触感，让人心旷神怡！雌蕊呈深紫色，几乎透明，而雄蕊则呈蓝色——一种纯净如山间晴空的蓝色——是我在内华达山脉见过的所有花朵中最迷人的。令人惊叹的是，这棵美丽的树，以其女性般细腻、美丽的外表和令人着迷的优雅动作，在这里经受了最狂野的风暴，抵御了数个世纪的严冬暴雪。

在这片高耸入云的山巅，西白松（Pinus monticola）和矮松（Pinus albicaulis）以其坚毅的姿态抵御着狂风。西白松与兰伯氏松有亲缘关系，尽管它的松果仅有四至六英寸长。那些最粗壮的树干，直径有五至六英尺，树皮呈深棕色。只有少数经历过风暴洗礼的冒险者，才能抵达这山巅。矮松，也被称作白皮松，它们构成了树林的生长线。在那里，它们已经完全矮化，我们可以轻易跨过它们的树顶，就像跨过白雪覆盖的灌木一样。

我们徜徉在这些饱经风霜的天空花园中，四周是广袤无垠的群山，白昼似乎也变得没有了尽头。令人赞叹的是，大山越是荒凉、寒冷、经受风暴的侵蚀，它的光芒就越是璀璨夺目，山上的植物也就越精致美丽。那无数点缀在山顶的花朵，一点都不像是从干燥、粗糙的风化砾石中生长出来，更像是见证了大自然深情厚意的天外来客，而我们却在无知与怀疑中，将这片土地称为荒漠。地表乍一看去，显得如此荒芜，令人望而却步。除了丰富的植被，这里还蕴藏着无数闪闪发光的矿物晶体，如云母、角闪石、长石、石英石、电气石等。在某些地方，这些光辉是如此耀眼，几乎让人目眩，每一种颜色闪烁的光芒都与周围勇敢的植物共同编织着一幅精美的画卷——每一颗晶体、每一朵花，都是通往天堂的窗口，都是一面映射造物主的镜子。

从一座花园到另一座花园，从一道山脊到另一道山脊，我沉醉在这连绵不绝的美景里。时而跪下，凝视着雏菊的脸庞；时而攀爬在紫色和天蓝色的花丛里；我一次又一次深入雪的宝库，或者远眺穹顶、山峰、湖泊和森林，以及图奥勒米河上游的冰川地带，试图将它们一一描绘下来。在这美景的召唤下，我的身体仿佛变成了味蕾，感受着自然的馈赠。谁不渴望成为一名登山者呢？与这里相比，世间所有的奖赏都黯淡无光。

目之所及的最大冰川湖泊是特纳亚湖，它也是最美丽的湖泊。它长约一英里，南侧有一座山，山脚延伸到湖中。几英里外的湖口上方是主教峰，北侧则是连绵起伏的山峰和穹顶，南边是连绵不绝的雪山峰顶，那里是河流的源头。西白松环绕的霍夫曼湖在我脚下闪闪发光，向北望去，约塞米蒂溪一带风景如画，小湖泊和小水潭闪着光；但很快，我的目光便从这些明亮的镜子般的湖泊上移开，尽情欣赏起了山脉轴线上那些沐浴在阳光下、身披白雪长袍的壮丽山峰。

卡洛捕获了一只不幸的土拨鼠，它正匆匆穿过草地，奔向它石头堆成的家。要知道，它是这山间生命力最顽强的动物之一。我想救它一命，却徒劳无功。我告诫卡洛要谨慎，不能伤害任何动物。这时，我突然见到了一只奇异的鼠兔（又叫首兔），这是我第一次看到它。它们会咬下大量的羽扇豆和其他植物，将它们铺在阳光下晒干，然后储存到地下仓库，以备漫长的雪季食用。这些刚刚被咬断的植物散落在岩石上，让人知道这孤寂的山巅也有忙碌的生活气息。这些小小的晒草工，它们的智力和我们很接近——上帝眷顾它们——它们教会了我们许多，让我们更有同情心！

一只雄鹰在峭壁之上自由翱翔，我猜它的巢一定在悬崖上。这景象不禁让人想起那些在孤独中依然努力生活的生灵——森林深处呵护着幼崽的母鹿；健壮、毛色鲜亮、饱食终日的熊；在林间跳跃的机灵活泼的松鼠；在林间鸣唱的发出甜美歌声的大大小小的鸟儿；还有那些在天空中飞舞的昆虫。这一切，连同繁茂的植物和欢快地流向大海的溪流，都在我心中激起了层层涟漪。但最令人震撼的是这片辽阔的、在无边的宁静中展现着壮丽的荒野。

夕阳西沉，我怀着愉悦的心情跑回营地，沿着蜿蜒的南坡，跨过山脊和峡谷，穿过花丛和雪沟，经过冷杉林和灌木丛，享受着野性的激情和充沛的体力。一天的探险结束了，但这样的探险永无止境。

7 月 27 日

踏上去往特纳亚湖的旅程，又是充实的一天，足以铭记一生。岩石和空气，都在以有声或无声的方式诉说着故事；它们令人神往、让人愉悦，可以驱散疲惫、模糊时间。现在或将来，我都别无他求，因为我正回归大山的怀抱。阳光平铺在冷杉的树梢，每一根针叶都闪烁着露珠的光芒。我向东行进，右手边是特纳亚溪深邃的峡谷，左手边是霍夫曼山，而湖泊就在前方大约十英里的地方。霍夫曼山的顶峰距离我的头顶约三千英尺，特纳亚溪则在我脚下四千英尺处，它们被光滑的穹顶和波浪起伏的山脊分隔开来。无数苔藓覆盖着的翡翠色的沼泽、草地和岩石洼地中的花园，正等待着我去涉水、穿越——它们贡献了多少美丽的植物啊！我越过欢快的小溪，欣赏了霍夫曼山和主教峰的壮丽风景，还第一次走过了湖岸周围那广阔闪亮的大理石地面！我自在地徜徉着，身体轻盈得仿佛失去了重量，一会儿穿过长满梅花草属植物的沼泽，一会儿穿过齐肩高的翠雀花、百合花丛、禾草和灯芯草的花园，不时抖落身上晶莹的露珠；我踏过明亮的冰碛石堆，走过光滑如镜的道路，跨过清凉欢快、潺潺流向约塞米蒂的小溪；我穿过线香石楠铺成的柔软地毯，穿过雪崩形成的小路，还有那被雪压弯了腰的美洲茶丛；最后，我沿着一条宽阔而庄严的石阶，步入了冰雕玉琢般的湖盆区域。

山巅的积雪迅速消融，溪水潺潺，温柔地淌过平缓的草地与沼泽，沐浴在阳光里，波光粼粼，在岩洞中旋转起舞，在深潭中静静憩息，又在粗糙崎岖的岩坝上欢快地跳跃。它们形态万千，洋溢着无尽的活力，既美丽又令人愉悦。在内华达山脉，我从未见过真正死寂或乏味的景象，也未见过任何工业制造产生的废物或垃圾，一切皆完美无瑕，充满了神圣的启示。

这种不可抗拒的吸引力，仿佛是奇迹般的存在，直到我们目睹了造物主的神奇手法，一切才显得合情合理；因为凡是上帝所钟爱的事物，我们也同样感兴趣。当我们试图将一种事物拿出来单独观察时，却发现它与宇宙间的万物紧密相连。我们似乎能感觉到，每一块晶体、每一个细胞里都有一颗和我们一样的心脏在跳动。我们渴望停下脚步，与草木、动物交谈，就像与山间旅伴攀谈一般。大自然，这位诗人，这位热情的劳动者，随着我们走得越远越高，其形象愈发清晰；因为山脉是源泉——生命的起点，尽管这起点超越了人类理解的范畴。

我发现了三种类型的草地。第一种，藏匿在尚未被泥土填满、尚未形成干燥地表的盆地里。这里生长着数种苔草属植物，边缘地带则点缀着强健的花卉，如藜芦、翠雀花、羽扇豆等，它们竞相绽放，争奇斗艳。第二种，同样位于这类盆地之中，它们和前者一样，是湖泊的遗迹。但因有溪流流经，水流携带的沙砾逐渐形成河床，如今地势升高，地表干燥，排水良好。它们之所以能够如此迅速地从水泽变成旱地，并非因为得天独厚的地理位置，或是溪流携带的沙砾填充了湖床，更可能是因为盆地较浅，能在短时间内被泥土填满。这些草地上的草大多柔软美丽、叶片较短，异颖草属和剪股颖属是这片草地的主力军。它们织就了一片片令人心旷神怡的平坦草毯，中间夹杂着两三种龙胆，还有紫色和黄色的直果草属植物、紫罗兰、越橘、美国熊果、线香石楠属植物和忍冬。第三种草地位于山脊或山坡上，而非坐落在盆地之中，是由岩石和倒伏的树木构成的。沿着四散的溪流，岩石和树木围成一道道堤坝，其中聚集而成的土地可供禾草、苔草属和众多花卉生长繁衍，并提供水源，也不会让其被强劲的水流冲走。如此，便形成了悬垂在山脊或倾斜在山坡上的草地。这类草地的表面并不像前面两类草地那样平坦，或多或少因凸起的坝石或树枝而显得有点高低不平；但从远处望去，这种不平整几乎难以察觉，反而形成了一种引人入胜的景观：在灰蒙蒙的山坡上，明亮的绿色和缤纷的花朵形成的彩带似在流动。这些由雪水滋养的草地，溪流蜿蜒而过，时而穿过排水良好的土壤，时而又在坝石和层层木屑、落叶间汇成泥泞的水洼。在这样的生态环境中，植被显得格外丰富。我观察到，一些草地上零星分布着柳树、线香石楠属和美丽的百合花，它们并不围绕草地边缘生长，而是随意夹杂在禾草和苔草属植物形成的草地上。此时，大部分草地正值繁茂季节。禾草和莎草的弯曲弧度是多么优雅精致呀。要是再硬挺一分，就会如钢条般僵硬挺立；要是再柔软一分，叶子就会平铺于地。还有那颖苞、托苞、雄蕊和羽状雌蕊，是多么绚丽的色彩！宛如花朵的彩蝶在花朵上方翩跹起舞，数量之多令人惊叹。还有许多其他漂亮的带翅昆虫，在天空中一同飞舞，仿佛只是在单纯地嬉戏、享受它们那短暂而璀璨的生命之光。它们是何等奇妙的存在！它们如何生存，又是如何耐住这变幻莫测的天气的考验的？它们小小的身躯、肌肉、神经、器官，是如何在这样的环境中保持温暖和健康的？仅从物理角度来看，它们的存在本身就是一种奇迹！与它们相比，即使是人类最伟大的发明也显得微不足道。

大多数冰碛上的沙质花园，都和草地一样，尽管部分躲在岩石北面以及在松林庇护下的花园尚未开花。阳光洒落在霍夫曼山坡那晶莹的土地上，我看见了不少伊薇莎属和紫色的吉粟草属植物，它们疏疏落落，几乎没有一片绿叶，花朵像云端的彩霞一样绚丽。此时，溪流两岸的雨伞草、越橘和美国熊果正值花期，它们铺成了一块块美丽的花毯，像是给溪流镶上了花边。岩质冰碛上，黄鳞栎（Quercus chrysolepis, var. vaccinifolia）随处可见，一丛丛黄鳞栎就像毛茸茸的床铺，人可以直接从上面跨过去。这些黄鳞栎和布朗平原一带高大的黄鳞栎属于同种植物。那些开着紫花的线香石楠，是最引人注目的，它们在海拔九千英尺处，编织出了一片片华丽的花毯。

从营地出发，前一两英里的路边，最主要的树木是雄伟的银冷杉。这里的银冷杉，无论从形态上还是个头儿上，都显得如此完美。它们以一种开阔的格局，自然地聚集成林。这些银冷杉，树冠如此整齐雅致，仿佛是某位园艺大师精心修剪的杰作，规整得几乎有些刻意。然而，只有大自然这位园艺师，才能创造出如此精美的景致。在树林中心，一些高达两百英尺的银冷杉巍然耸立，它们是树林中的长者，周围环绕着年轻的后辈；再往外，是一圈圈更小的植株，整个布局宛如一朵对称的花束，每棵树都恰到好处地占据了自己最合适的位置。在树林周围的开阔地带，小玫瑰和绒毛蓼属植物正在盛放，它们用花朵装点着这片迷人的乐园。随着海拔的升高，银冷杉逐渐变得矮小，形态也不再那么完美，不少植株都有两个树冠，这是风暴肆虐留下的印记。即便在接近海拔九千英尺的地方，只要湖边的冰碛土壤良好，它们的幼苗也能茁壮成长，有的长到了一百五十英尺，直径达五英尺。据我观察，银冷杉幼苗大多被冬季厚重的积雪压弯了腰，根据树干上的痕迹推断，积雪足有八到十英尺厚。这样厚重的积雪足以压弯甚至埋没二三十英尺高的幼树，让它们在数月的时间里匍匐在地。有些小树不幸被压断，而另一些则在冰雪消融后重新挺立，最终长成了足以抵御风雪的大树。即使是那些直径五英尺粗的大树，早年被积雪重压的痕迹依然清晰可见——它们的树干底部常常呈弯曲状，或者从枯死的枝干下方重新长出新的树干。尽管经历了如此严峻的考验，这片森林依旧保持着令人惊艳的美丽。

除了银冷杉，我还遇见了扭叶松（Pinus contorta, var. Murrayana），它们在海拔一万英尺的地方，形成了内华达山脉最高的森林带。我曾看见一棵直径近五英尺的巨大的扭叶松——傲立于海拔九千英尺的地方，扎根于肥沃而湿润的土壤中。扭叶松的形态因生长位置、风向、土壤、光照等环境的变化而变化：在溪流岸边，它们成簇生长，身姿纤细；有些植株高达七十五英尺，基部直径竟不足五英寸，但大多数植株的树形比例都相对匀称。在这个海拔上生长的完全成熟的植株，平均直径在十二到十四英寸，高约四十到五十英尺，枝梢末端微微上扬，树皮薄且覆盖着琥珀色的树脂。雌花是直径四分之一英寸左右的小红花，隐匿在叶丛之中；雄花略大，直径约八分之三英寸，呈黄绿色，成簇开放，分外醒目，给人以丰富的视觉享受。这勇敢而坚韧的山间松树啊，它们在雪崩形成的岩石堆和岩石裂缝，以及肥沃的低洼地带，愉快地生长着。冬天它们傲立雪中，历经无数次的暴风雨的考验，却仍然保持着鲜艳夺目的色彩，一点都不比热带树木逊色。

在内华达山脉的穹顶、山脊和冰川路面上，西洋刺柏（Juniperus occidentalis）以其坚忍不拔的姿态生长着。它们粗壮强健、枝叶繁茂，在阳光与冰雪的洗礼下，已悠然度过了数个世纪的岁月。这种树，真是大自然的奇迹。它们每一寸肌肤都透露出不屈的生命力，年龄与脚下的花岗岩相差无几。有的植株，树冠之宽几近树高，我在湖边见过一棵，其直径接近十英尺，而树干直径在六到八英尺之间的植株更是随处可见。它们的树皮呈肉桂色，剥落时如缎带般轻盈，闪烁着丝绸般的光泽。无疑，它们是所有树中最坚韧的一种，似乎从未因自然原因而死去，即便在遭受致命打击后，依然屹立不倒。若能免受意外之灾，它们或许真能在世间永生。我曾亲眼见过一些西洋刺柏，它们经受霍夫曼山的雪崩冲击后，依然生机勃勃地抽出新枝，仿佛在宣告“永不言败”。还有一些植株，仅仅扎根于岩石上不足半英寸宽的裂缝中。对于这些岩石上的“居民”来说，生长至十到二十英尺的高度是常态，大多数老树的顶端虽已折断，却依旧顽强地生长出一簇簇新枝，形成一根根光秃秃的褐色柱子，矗立在裸露的岩石上，享受着开阔的空间和视野。在肥沃的冰碛土壤中，它们能够茁壮地生长到四十至六十英尺高，枝头挂满了浓密的灰色叶片。我曾细细观察过一些树干的横断面，发现它们的年轮极为细密，有些树干每英寸的宽度上竟有八十道年轮。所以，那些直径达十英尺的植株，必定是历经千年的古老生命。我多希望自己能和这西洋刺柏一样，以阳光和风雪为伴，站在特纳亚湖畔，度过千年岁月。若真如此，我将见证多少奇迹，又该是何等愉悦呀！山中万物都将来到我的身边，如同光芒从天而降。

特纳亚其实是约塞米蒂部落中某位酋长的名字，特纳亚湖的名字就是由此而来。相传，老特纳亚是一位仁慈的领袖，深受族人爱戴。曾有士兵追到他的部落，想要以偷牛的罪名惩戒他的族人。早春时分，雪深林密，他带着族人沿着山谷通往湖泊的小径逃窜，被紧追不舍的士兵追到了湖边。最终，他们心灰意冷，缴械投降。如今，这晶莹剔透的湖泊就成了大自然给这位长者树立的丰碑。尽管湖水和印第安人一样，终将消逝在岁月的长河中，被溪流、雪崩、雨水和风带来的泥沙和石头逐渐填满。特纳亚盆地的上游，溪水从主教峰汇入，已经变成了林木茂密的平原和草地。霍夫曼山也贡献了两条溪流，湖水向西流淌，穿过特纳亚山谷，最终汇入约塞米蒂的默塞德河。北岸几乎看不到松动的泥土，尽是裸露、闪亮的花岗岩。这或许就是湖泊的印第安名皮瓦克（Pywiack）的由来，意为“闪亮的石头”。这个盆地大概是被远古的冰川用千万年的时光，逐渐雕琢而成的。南侧，一座巍峨的山峰拔地而起，高达三千英尺，长满了铁杉和松树。东侧则是巨大闪亮的穹顶山，远古的冰川曾像今天的风一样掠过它的山顶，不停地雕琢着、打磨着，才使其变成了如今这般光滑壮美的模样。

7月28日

今日天空如洗，不见云山的踪影，唯有几缕难以察觉的卷云。午后没有打雷，内华达山脉显得格外异常，时间仿佛停滞了一样。我沉浸在对红冷杉的观察中——一棵近两百四十英尺的巨大植株，它是我见过的最高的红冷杉。这种树是所有针叶植物中最具对称之美的，尽管它们身形雄伟，却鲜有能超过四五百年树龄的。大多数红冷杉会在两三百树龄时，因真菌的侵袭而走向生命的终结。这种干腐真菌或许是通过被积雪压断的枝条悄悄侵入树干的。年幼的红冷杉可以称得上是对称的艺术品，它们挺拔笔直，枝条五根一组，为轮生枝，每一根枝条都像蕨类植物的叶片一样整齐，茂密的针叶就像覆盖在树上的一层厚实的绒面，整棵树只有树干和主枝的一小部分裸露在外。这些针叶向上翘起，在小枝上尤其明显，针叶尖锐且坚硬，使得红冷杉的顶端形成尖头状。树叶在树上可以保持八到十年的时间，因为生长迅速，所以不难发现，直径三到四英寸的枝干上，叶子呈优雅的螺旋状排列。叶痕也相当明显，看上去最起码有二十年了。不过，不同树上的叶子的厚度和尖锐度存在着显著差异。

霍夫曼山的探险让我得以一窥内华达山脉森林的全貌。我发现，红冷杉是所有高大针叶树中最对称的一种。它的松果，无论是形态、尺寸还是色泽，都令人赞叹不已。这些圆柱状松果矗立在树梢上，宛若一个个小桶，长度在五至八英寸之间，直径约三至四英寸，绿中带灰，被细腻的绒毛覆盖着，在阳光下闪烁着银光。晶莹剔透的树脂滴在松果上，赋予了它们额外的光彩，仿佛是古老涂油仪式的现代重现。值得一提的是，松果的内部之美，比它的外观更让人心驰神往！那些鳞片、苞片和种翅，呈现出美丽的玫瑰紫色，闪烁着彩虹般的光泽；种子本身长约四分之三英寸，呈深棕色。待到松果成熟时，鳞片和苞片掉落而下，种翅就会带着种子随风飘向远方。而那枯萎的刺状种轴，仍旧会挂在枝头，多年不落，仿佛是在纪念曾经松果的存在。当然，还有一种例外情况，那就是道格拉斯松鼠在它们尚青时就把它们咬断摘走了。松鼠是如何在那无柄松果的宽阔基部找到下口之处的，对我来说始终是个谜。在阳光灿烂的日子里，爬到树上，观察松果的生长情况，并俯瞰下方的林海，是我最大的乐事之一。

7月29日

今日阳光明媚，凉爽舒适，令人心旷神怡。云量稀薄，只占去了天空的百分之五。又是让人心满意足的一天，我漫步、素描，享受大自然的恩赐。

7月30日

今天只有百分之二的云量，但正午规律的阵雨并未降临，尽管几英里外依然响起了打雷声。这样的天气似乎正合蚂蚁、苍蝇和蚊子的心意。一些家蝇已经找到了我们的营地，似乎对这里的环境颇为满意。这里的蚊子不仅勇敢，而且体形硕大，有些个体从吻尖到折叠的翅尖，长度几乎达到了一英寸。虽然它们的数量比大部分荒野的蚊子要少，但偶尔也会发出嗡嗡声，随心所欲地叮咬我们，根本不顾时间和地点。要想让它们消失，只能等到霜冻的到来。那些大个儿的黑蚂蚁，只会在人躺在树下休息的时候采取行动，让人觉得痒痒的，有些烦人。我看到一只钻蛀虫正在银冷杉的树干上打洞，想要钻进去。它的产卵器长约一寸半，光滑笔直，宛若一根针。不用的时候，它会将其收回鞘内，就像鹤在飞行时向后伸展的腿一样。我猜想，这种钻孔行为是为了省去筑巢和喂养幼虫的麻烦。谁能想到，一只昆虫的大脑中竟藏有如此多的智慧？它们是如何知道，自己的卵能在这种孔洞中孵化，并且孵化后，那些软弱无助的幼虫能在银冷杉的树液中吸取足够营养的呢？这番家庭布局，不禁让人联想到了瘿蚊家族的奇特习性。每一个瘿蚊似乎都深谙其道，知晓哪些植物会对它们钻洞产卵的行为产生特定的反应，生长出既能作为巢穴又能为其幼虫提供食物的结构。瘿蚊或许也会犯错，一如世间万物；但它们出错，损失的不过是一次产出的卵而已，而那些成功找到适宜植物和营养的瘿蚊，足以确保种群的延续。没准这种产卵失误时有发生，只是我们没有发现而已。有一对鹪鹩，误将巢穴筑在了工人外套的袖筒里，黄昏时分，工人拿走外套时，鸟儿们不由得惊慌失措。然而，更令人惊奇的是，像蚊子和小蚋这样的微小生物，它们的后代居然能避开长辈犯过的错误，自如应对变幻莫测的天气，抵御无数天敌，最终以旺盛的生命力和完美的形态，沐浴在明媚的阳光下。当我们凝视这些肉眼可见的微小生物时，我们会将不由得生出的思绪转移到那些更微小的生物身上，让我们探索那无尽的神秘之境。

7 月 31 日

又是一个灿烂的日子，空气像甘露一样滋润着我们的肺腑。我们的整个身体都在这清新中轻轻颤动。今日云量只有百分之零点五，每日例行的阵雨虽尚未来临，但我早已听到了远处的雷声。

布朗平原上常见的小花栗鼠同样活跃在这片山间，当然，也许是不同的种属。它们那轻盈灵巧的身影，让人不禁想起东部区域的熟悉身影。记得在威斯康星的橡树林中，我曾欣赏过它们沿着锯齿状的栅栏飞奔而过的飒爽英姿。内华达山脉的花栗鼠似乎更喜欢在树上活动，动作颇似松鼠。我第一次注意到它们是在针叶林带的下缘，那是加州大子松和西黄松的地盘。这些小家伙真是太有意思了，虽然它们并非松鼠，却掌握了松鼠的大部分技能，而且又不像松鼠那般富有侵略性和挑衅性。我总喜欢看它们在灌木丛中跳跃觅食，搜集种子和浆果。它们像麻雀般优雅地在细枝上维持平衡，发出的声音比大多数同等大小的鸟类还要轻柔，令人百看不厌。在这山间的众多动物中，少有像它们这样令我着迷的。它们是那么能干、温和、信任人，而且长相漂亮，令人心生爱怜，视若珍宝。虽然它们身形轻盈，不比田鼠大多少，却是种子、坚果和松果的收藏家。它们非常勤快，总能吃得饱饱的。它们像小鸟一样充满活力，仿佛永远不知疲倦。它们的声音很多变，每一个动作都有相对应的声音，有些声音甜美流畅，就像水滴落入水潭时清脆的叮咚声。它们似乎特别喜欢逗弄狗，常常戏谑地靠近狗，然后迅速跳开，发出欢快的啁啾声，并像麻雀一样用尾巴打着节拍，每啁啾一次，尾巴就画出一个半圆。即使是道格拉斯松鼠，也不如它们那样稳健、无畏。我曾亲眼看见它们在约塞米蒂的峭壁上奔跑，轻盈得就像苍蝇贴在崖壁上，一点都不惧怕危险，要知道一旦失足滑落，从两三千英尺的高处掉下去是多么危险呀。如果我们这些登山者能像这些小花栗鼠一样紧紧抓住峭壁，该多好呀！几天前，为了一窥约塞米蒂瀑布的壮丽，我冒险攀爬，紧张极了，可这只小花栗鼠或许只为了一根草尖就敢如此冒险。

在孤寂的山巅，土拨鼠（Arctomys monax）是另一种风格的登山者——它们是啮齿动物中的巨无霸，胃口大，体态丰腴，宛如牧场中的壮牛，在高山草甸中悠闲地觅食。一只土拨鼠的体重，足以匹敌百只花栗鼠，但它并非迟钝之辈。在这片我们眼中风暴肆虐的荒原上，它们却能开心地高声尖叫，仿佛天空是它们的永恒家园。它们喜欢把洞打在风蚀的岩石下或大石头的缝隙中。在霜冻的清晨，它们从温暖的洞穴中探出头来，在它们钟爱的平坦石头上晒太阳，然后在山谷的花草丛中饱食青草和花瓣，直到酒足饭饱。随后，它们会去拜访同伴，或是嬉戏打闹，或是争斗一番。虽然我不清楚土拨鼠在这清新的空气中能活多久，但有些已经老态龙钟，身上呈现出灰色，就像盖着一层苔藓似的。

8月1日

一场壮阔的云海与短暂的阵雨，滋润着这片已经馥郁芬芳、清新脱俗的圣洁荒野，宛若将黑色的腐殖质与落叶浸泡成了一壶香茗。

那些总喜欢在中西部各州安家落户的啄木鸟，是这里最常见的鸟类之一。它们的出现让人感到分外亲切。从羽毛到习性，我都没有发现它们与生活在东部的同类有何差异，尽管两地气候迥异——它们是一群勇敢、信任人的美丽生灵。这里也有知更鸟，它们总是以我们熟悉的姿态和鸣叫，在开阔的花园地和高处草地上优雅地踱步。在美洲的每一个角落，它们似乎都能找到自己的家园，从平原到山脉，从北到南，随着季节和食物的变迁而迁徙。这位勇敢的歌者，它的体质和性情是多么令人钦佩呀——能在如此广阔多样的环境中保持健康的身体和快乐的心态！当我在这宁静的森林中漫步，觉得太冷清而有点害怕时，就会听到这些小家伙的声音，它们的声音响亮而清晰，仿佛在说："不要害怕！不要害怕！"

我在山间漫步，时常邂逅一种名叫高山鹑的小鸟——它们的羽毛是温暖的棕色，头顶上戴着一顶细长的羽冠，轻盈飘逸，仿佛孩童帽上装饰的羽毛，格外引人注目。这些高山鹑比山麓炎热地带常见的山谷鹑要大得多。它们不常在树上停留，而是喜欢成群结队地在灌木丛中、干燥的草地上和树木稀疏的山脊上穿梭，边飞边发出低沉的咯咯声，以相互呼应，避免离群。一旦受到惊扰，它们会猛地振翅，如炸弹爆炸般迅速四散飞起到四分之一英里远的地方。危险过后，它们又会发出清脆的啾啾声，互相呼唤，重新聚集——真是大自然的精灵。我还未发现它们的巢穴。今年的雏鸟已经孵化出来，羽翼渐丰，长到了父母一半大小，成为新一代的快乐漫步者。我不知道它们是怎样度过积雪足有十英尺深的漫长冬季的，或许它们会像鹿群一样，迁徙到森林带下缘，但我在山下从未听到过它们的叫声。

在这片林海深处，蓝松鸡自在游荡。它们偏爱那些幽深、茂密的冷杉林，一旦受到惊扰，便从枝头猛地振翅而起，然后悄无声息地滑翔而去，不惊动一片树叶——它们是强健而美丽的生灵，体形与西部草原的野鸡相仿，除了繁殖期，大多数时间都在树上度过。如今，幼鸟已经能够展翅高飞。当人或狗靠近时，它们会保持沉默，直到危险解除。母鸟会发出轻柔的呼唤声，即使相隔数百米，幼鸟们也能听见那细微的声音。如果幼鸟还没学会飞翔，母鸟会假装受伤，甚至装死，以引诱敌人离开。它会翻滚到你脚边不远处，翻身朝上、边蹬腿边喘息，以此迷惑追猎者。据说，它们一年四季都栖息在这片森林中，雪季来临时，便藏身于冷杉或西黄松的茂密枝叶间，并以其嫩芽为食。它们的腿上覆盖着羽毛，即使在最恶劣的天气中也能安然无恙。它们以西黄松和冷杉的嫩芽为食，所以永远不用为吃的发愁，这着实令人钦佩。想想上个月，我们因面包危机而遭受的艰辛痛苦。在觅食能力上，人类似乎远远比不上上帝创造的其他生物。对于许多城市居民来说，这是一场贯穿一生的斗争；而对其他人来说，未来的需求如高山般沉重，所以他们就养成了囤积食物的习惯，并为此扼杀了真正的生活。尽管如今合理的需求都已得到了满足，人类还是在不停地囤积食物。

在霍夫曼山的高处，我遇见了一种奇特的鸽灰色小鸟，它看起来像是啄木鸟、喜鹊和乌鸦的混合体。它的叫声和乌鸦相仿，但飞行姿态却像啄木鸟，鸟喙又长又直，我曾见它用那长长的鸟喙啄开西白松和白皮松的松果。它似乎喜欢在高处活动，但毫无疑问的是，到了冬天，它也会下山避寒，或者四处觅食。说到食物，我推测这些山间的鸟儿，即便在寒冬，也能从松柏等针叶树上搜集到足够多的坚果，因为总有一些种子没能随风飞走，留在松果里，最终成为冬日饥肠辘辘的拾荒者的美味佳肴。

第七章　奇异的经历

8月2日

云彩和阵雨一如昨天，我一整天都在北穹顶上画素描，直到下午四五点。那时，我正全神贯注地描绘约塞米蒂的壮丽景色，试图捕捉每一棵树、每一个线条和每一块岩石的特征。突然，一个念头闪过我的脑海，仿佛有一股神秘的力量在召唤，我坚信我的朋友——威斯康星州立大学的J.D.巴特勒教授就在下面的山谷。我激动得几乎跳了起来，就像他突然碰了我一下，让我抬头看他一样。我立刻放下画笔，沿着穹顶的西坡奔跑，去寻找通往谷底的道路。我沿着山谷的边缘，来到了侧面的一个峡谷，那里树林密布、灌木丛生，看起来像是一条通往谷底的捷径。我毫不犹豫地开始下山，尽管天色已晚，我却被一种不可抗拒的力量指引着。然而，理智很快提醒我，就算能到酒店，也已经是晚上了，我的老朋友肯定早已入睡，我又不认识别人，口袋里也没有钱，甚至连外套都没有带。于是，我强迫自己停下脚步，最终说服自己放弃摸黑寻找朋友的念头，毕竟我只是在一种奇异的心灵感应的指引下，感受到了他的存在。我拖着疲惫的身体穿过树林回到营地，决定次日一早再下山去找他。这真心是最不可思议的心灵感应。我在山上待了这么久，只有今天觉得仿佛有人在耳畔悄悄告诉我，巴特勒教授就在山谷，这种感觉实在是太奇异了！我离开大学时，他曾对我说：“约翰，我希望能看到你并见证你的事业发展。每年最起码给我写一封信。”我在 7 月收到了他 5 月的来信，信中提到他可能会在今年夏天访问加利福尼亚，希望到时能见到我。但由于他没有说明见面地点，也没有明确的行程，而且我整个夏天都将在野外度过，所以我从未奢望能见到他。后来，我就把这件事抛到了脑后，直到今天下午我突然感觉他来到了我的面前。明天，我将揭晓答案。无论是否合乎逻辑，我都要去一趟。

8 月 3 日

今日，我仿佛被一股神秘的力量引领着，竟真的见到了巴特勒教授。所以，我感受到了他的到来，那种超越了感官的启示，那种心灵感应，居然都是真的！当时，他正穿越科尔特维尔小径，途经埃尔卡皮坦（EI Capitan）。如果他当时举目北望，或许能瞧见我欣喜若狂地向他奔去的身影。这或许是我生命中唯一一次超自然体验，因为我从小就沉浸在自然的怀抱中，那些招魂术、超自然现象、鬼故事，从来都吸引不了我——我觉得，它们远不及大自然那敞开的怀抱、和谐的旋律、悠扬的歌声、明媚的阳光来得神奇。

今天，当我想到自己要出现在满是游客的旅馆中时，心中不免有些忐忑，因为我没有合适的衣裳，更糟的是，我生性腼腆，不善交际。然而，经过与陌生人两年的相处，我决定无论如何都要去见见我的老朋友。我换上了一条干净的工装裤、一件柔软的羊绒衬衫和一件夹克——这已是我营地衣柜中最好的衣服了。我把笔记本系在腰间，带着卡洛，踏上了这段奇妙的旅程。我穿过昨晚发现的那条峡谷，它正是印第安峡谷。峡谷中岩石密布，灌木丛生，没有明显的路。卡洛不时地唤我回头，帮助它攀下陡峭的斜坡。走出峡谷的阴影，我看见一个人在草地上干活，便问他巴特勒教授是否在谷中。“我不太清楚，”他答道，“不过你可以去旅馆打听打听。现在山谷中的游客并不多，昨天傍晚确实来了一小队人，我听到有人叫巴特勒教授，也有可能是巴特菲尔德教授，差不多是这么个名字。”

在昏暗的旅店门前，我看见一群游客正忙着摆弄钓具。他们沉默地注视着我，仿佛我是一位从云端的树林间跌落的不速之客，或许是我那不同寻常的装束引起了他们的好奇。我询问了办公室的位置，他们告诉我门是锁着的，老板不在，但可以到客厅找哈钦斯太太。我带着一丝尴尬，走进了空无一人的大房间，敲了几扇门后，老板娘终于现了身。她跟我说，如果自己没记错的话，巴特勒教授应该在山谷里，但为了确认，她去办公室拿了登记簿。在最近一批抵达的客人名单中，我很快发现了教授那熟悉的笔迹。那一刻，我的腼腆消失了。得知他们的队伍已经去了山谷——大概是春天瀑布（Vernal Fall）和内华达瀑布一带——我满怀喜悦地追了上去，坚信一定能找到他。不到一个小时，我就来到了春天瀑布，在瀑布的水雾那里，我看到了一位风度翩翩的绅士，他跟我之前遇到的所有人一样，正好奇地看着我。当我鼓起勇气问他是否知道巴特勒教授的下落时，他似乎更加惊讶了，不知究竟我有什么紧急的事情需要找教授。所以，他没有直接回答我的问题，而是用一种军人般严肃的口吻反问：“谁找他？”

“我找他。”我语气坚定地回答道。

“找他干什么？你认识他？”他好奇地问。

“没错，”我说，“你也认识他？”

他惊讶于深山中竟有人认识巴特勒教授，且能在教授刚一进山谷就找了过来。于是他走近我，彬彬有礼地回答说："没错，我跟巴特勒教授是老朋友。我是阿尔沃德将军，我们很久以前在佛蒙特州的拉特兰一起上学，那时我们都很年轻。"

"那么，他现在在哪儿？"我的追问打断了他的回忆。

"他和一位同伴翻过瀑布，想要爬上那座巨岩，你从这里可以看见山顶。"

他的向导也主动为我提供了信息，说巴特勒教授和他的同伴去了自由峰（Liberty Cap），如果我在瀑布顶部等候，肯定能遇见他们。我决心不再等待，而是沿着春天瀑布旁的天梯攀爬而上，直接前往自由峰，以便尽早见到我的朋友。我才走了一段不长的路程，就在灌木丛和岩石间瞥见了他的身影，他半蹲着，摸索着往前走，衣袖卷起，马甲敞开，手里拿着帽子，显然已经汗流浃背。他见我走近，就在一块巨石上坐下擦汗，显然误把我当成了山谷中的向导，向我询问起了通往瀑布天梯的路。我指给他一条由小石堆标记的小径，他见状便呼唤同伴，说找到路了，却还是没有认出我。于是我径直走到他面前，盯着他的脸，伸出了手。他以为我想把他拉起来，就说了句："不必了。"

"巴特勒教授，难道你不记得我了吗？"我问道。

"我们认识吗？"他和我四目相对，突然眼中闪过一丝惊讶。他对于我能找到他感到不可思议，也不知道我就在他周围一百英里的范围内。"约翰·缪尔，约翰·缪尔，你从哪儿冒出来的？"我说，昨晚他踏入山谷的那一刻，我便感知到了他的气息。尽管我当时正在北穹顶上画素描，他就在离我四英里的地方。这让他更加惊讶。春天瀑布下，向导牵着他的马儿静静等候，我俩沿着小径缓步前行，边走边聊，话题从学校时光，到麦迪逊的老友，再到学生们的近况，凡此种种。我们不时停下脚步，凝望周围暮色中逐渐模糊的宏伟山岩，仿佛在欣赏一场盛大的演出，而那些岩石就是演出的背景。我们偶尔还会引述诗人的佳句，让这次漫步变得更加难忘。

夜幕降临，我们终于抵达了旅馆，阿尔沃德将军正等着与教授共进晚餐。当我被引见时，他比教授还要惊讶，因为我竟然能够穿越那片无路可循的山峦，直奔我的朋友而来，而且是在不知道他在加利福尼亚的情况下。他们直接从东部过来，还没拜访过州内的任何朋友，所以觉得根本没人知道他们的行踪。晚餐时，将军靠在椅背上，环顾着桌上的十几位宾客，包括我之前提到的满脸惊讶的钓鱼者，向大家介绍说："你们不知道，这个人从那些巨大的、无路可循的山里下来，在他的朋友巴特勒教授到这儿的第一天就找到了他。而他是怎么知道他在这里的呢？他说他只是感应到了。这是我所听过的苏格兰预知故事中最不可思议的一个。"我的朋友巴特勒教授则引述了莎士比亚的话："天地之间，赫瑞修，存在着许多超乎你想象的事情。""正如太阳尚未升起，天边却已经勾勒出了它的轮廓，同样，明日会发生的事情或许今日就已经有了预兆。"

晚餐过后，我们畅谈良久，回忆起在麦迪逊的日子。教授希望我将来有机会与他一同前往夏威夷群岛旅行，而我则试图劝说他与我一同返回高山上的营地。但他回答说："现在不行。"他不能把将军一个人撇下。令我惊讶的是，他们计划在明天或后天离开山谷。我暗自庆幸，自己没有那么重要，不会被世界的纷扰牵挂。

8月4日

在局促的旅馆房间里睡觉，与那星光熠熠、银冷杉林立的辽阔天地相比，真是太别扭了。我告别了我的朋友和那位将军，那位老将军不仅待人和蔼，而且非常健谈。他跟我讲了许多他亲身经历的佛罗里达塞米诺尔战争的故事，并盛情邀请我去奥马哈做客。带着卡洛，我再次穿过印第安峡谷的谷口，回到了家。我心中满是欢喜，同时也不禁为被时间、行程、命令和职责所束缚的可怜的教授和将军感到惋惜。他们被迫生活在低地的尘世喧嚣之中，在那里，大自然的美景被遮蔽，声音也被淹没，而我这位微不足道的流浪者却在上帝的荒野中享受着自由与荣耀。

除了拜访客人带来的乐趣，我在约塞米蒂也体验到了无比的欢愉。去年春天，我曾来过这里一次，在那岩石与流水间徜徉了整整八天。无论我们漫步至山间的哪个角落，甚至是上帝创造的任何一片荒野之中，总能发现超乎寻常的美好。在短短几个小时内，我往下走了四千英尺，仿佛进入了一个全新的世界——那里的气候、植物、声音、动物和景色全都焕然一新。在营地周围，黄鳞栎是平坦的灌木丛，我们可以把它们当成床铺，享受片刻的宁静。但沿着印第安峡谷向下，那些不起眼儿的小灌木逐渐茁壮，长成了挺拔的小树，最后到谷底的岩石堆上，它们已变成了粗壮的树木，直径有四到八英尺，高有四十至五十英尺。这里的水体也千变万化，每一段流水、每一处瀑布都独具特色。春天瀑布与内华达瀑布，作为山谷中的瀑布双璧，虽相隔不到一英里，却在声、形、色上具有完全不同的美。春天瀑布高达四百英尺，宽七十五至八十英尺，从圆润的悬崖边缘优雅地倾泻而下，宛如一幅绿色与白色交织的绚丽刺绣。因岩壁凹凸重叠，待水流倾斜而下时撞击到岩壁，顿时会化作飞舞的薄纱水雾，在午后阳光的照射下，编织出迷人的彩虹。而内华达瀑布，则自始至终散发着洁白的光芒，它飞跃而下，直入虚空。在顶端，水流撞击着通道的一侧，呈现一种交错扭转的状态。约在瀑布的三分之二处，水流滑过峭壁的倾斜部分，撞击出更加洁白的泡沫，膨胀跳跃，展现出一种难以言喻的壮丽，在午后阳光的照耀下，更是壮丽得难以言表。内华达瀑布仿佛摆脱了束缚，如同一个充满活力的生命体，散发着山岳赋予的巨大力量和野性欢愉。

飞溅的水花之下，一条河流若隐若现，河水在崎岖的岩石间形成交错的水带，迅速汇聚成一条咆哮的急流，展现出年轻河流的蓬勃生机。它一路欢唱，一路咆哮，彰显着自己的力量。穿越峡谷时积攒的能量，在陡然变宽的河道中缓缓释放，在倾斜的岩石上铺展开来，化作一层薄薄的水幕和蕾丝般的波纹，冲入静谧的翡翠池（Emerald Pool）。这个水潭宛如两个宏伟乐章间的休止符，让水流在此稍作停留，释放掉泡沫和混杂的空气，然后静静地滑向春天瀑布的悬崖边缘，摇身变成一片宽阔的水帘，以春天瀑布的新面貌出现，化作激流冲向岩石，冲进被充满生机的橡树、花旗松、冷杉和山茱萸掩映的峡谷。它一路奔腾，与伊利劳特溪汇合，在阳光普照的平原上划出一个大弯，与其他从积雪覆盖的高处一路跳跃欢唱的溪流共同聚集成了默塞德河的干流。虽然生命短暂，但为了这些壮丽的景色，度过这一天是值得的，哪怕要以辛劳和饥饿为代价。

在与巴特勒教授依依惜别前，他送给了我一本珍贵的书，而我则回赠了一幅素描画给他的小儿子亨利。我和亨利感情很好，我还在校园读书时，他就常常到我的房间玩。他六岁那年站在高凳上，激情澎湃地发表的爱国演讲，我至今记忆犹新。

在约塞米蒂，游客们似乎对这片神圣的土地视而不见、充耳不闻。昨天，我遇到的不少人都低着头，仿佛完全忽略了四周的壮丽景色。那些巍峨的山峰仿佛在颤抖，山间汇聚的溪流那美妙的歌唱，宛如吸引天使下凡的乐章。然而，那些看似体面、智慧的游客却以用弯曲的鱼钩垂钓为乐，并将其称为运动。如果教堂里的信徒一边听着枯燥的布道，一边在洗礼池里垂钓，这样的娱乐或许还能被接受；但在约塞米蒂的神圣殿堂里，在上帝用流水和岩石讲述他最宏伟的教诲时，还要以鱼的痛苦为乐，这种行为实在令人难以理解。

我坐在营地的篝火旁，不由自主地思考起了山谷中那场奇妙的心灵感应。那时，我的朋友与我相隔四五英里，却在无声中与我相互感应，无须任何媒介。这感应仿佛超脱了自然，但也有可能只是我们尚未洞悉其中奥秘。无论如何，过分纠结于此未免显得无趣。毕竟，自然界中的常识，往往比所谓的超自然现象更加神奇和神秘。我们听闻的许多奇迹，其实远不如那些自然现象令人惊叹。或许，那些无形的光线，就跟让人一见钟情或心生厌恶的微妙感觉一样，人们已经编织了太多关于它们的荒诞不经的故事。这些神秘事件带来的最显而易见的影响，是让人们对那些神圣而平凡的事物视而不见。我猜想，若是霍桑碰上这种事，肯定会将这小小的心灵感应演绎成一段奇异的故事，并且极有可能把那位善良的老教授换成一位迷人的女士。

8月5日

一大早，太阳还没出来，我们就被卡洛和杰克的狂吠声以及羊群惊慌失措的逃窜声惊醒了。比利从他的木床上一跃而起，躲到火堆旁，拒绝摸黑查看引发骚乱的原因，也不愿意把四散的羊群重新聚集。后来我们才知道，羊群原来是遭受了熊的袭击。我想，在天亮前采取任何行动都是无济于事的。但是，我心中充满了对发生之事的好奇，于是便循着羊群的逃散声带着卡洛在树林中摸索着前进。我们并不担心会碰上熊，因为我知道，那些逃跑的羊会尽可能地远离危险，而卡洛的嗅觉也值得信赖。我们在畜栏东侧约半里处发现了二三十只羊，没费多大力气就把它们赶了回来；随后，我们转向西边，又找到了一群逃跑的羊，并顺利将它们带了回来。天色微明，我意外地发现了一只羊的尸体，还残留着体温。这说明，在我寻找逃跑的羊时，熊正享受着它的早餐。它差不多吃掉了半只羊。畜栏内还有六只羊的尸体，显然是熊闯入时，羊群因为恐慌发生了挤压，几只羊就这么窒息而亡了。卡洛和我绕着营地四处寻找，找到了第三群逃跑的羊，并把它们赶回了营地。我们还发现了另一只被吃掉了一半的羊，这说明今天早上一共有两头毛发乱糟的强盗。它们的行踪清晰可循。每只熊都抓了一只羊，像猫捉老鼠一样轻松越过畜栏，将羊放在离畜栏不远的冷杉树下，然后大快朵颐。早餐过后，我出发寻找其他失踪的羊，在离营地很远的地方找到了七十五只羊。下午，在卡洛的帮助下，我把它们顺利带回了营地。我不确定是否所有的羊都被找回来了。今晚我会点燃一堆篝火，保持警觉，看管羊群。

我问比利，有那么多地方可以睡，为什么偏偏要用靠着羊圈的腐木当床时，他说是“为了尽可能地靠近羊群，以防熊的袭击”。然而，当熊真的出现时，他却把床搬到了营地的另一边，就像怕自己会被误认为是羊群中的一员一样。

今天的主要任务是处理羊群的事，所以我的研究工作被打断了。不过，黎明前的林间漫步，让我对这些块头硕大的熊有了更深的了解。它们的足迹很明显，早餐也一望而知。今天的天空几乎没有云彩，当然，例行的午间雷声也缺席了。

8月6日

昨夜，为了避免熊不请自来，我们点燃了篝火。那火光如同一把利剑，划破夜空，为营地带来了一种壮烈的美。然而，还是有一只熊闯入了我们的营地，仿佛这火光不仅没有恐吓作用，反而散发出了一种吸引力。那只熊悄无声息地杀死了一只羊，并在夜色的掩护下带着战利品消失在了森林里。同时，还有一只羊因为挤压而窒息，死在了畜栏边。现在，熊已经尝到了羊肉的甜头，我想，想要阻止这些强盗，恐怕是难上加难了。

今天德兰尼从山下带来了补给和一封信。得知损失后，他决定立刻将羊群转移到上图奥勒米地区。他说，只要我们继续留在这里，熊每晚都会来，点燃篝火或制造噪声根本驱散不了它们。天空中，只有东边的地平线上飘着几片薄薄的云彩，远处隐约传来了轰鸣的雷声。

第八章　默诺小径

8月7日

今天一早，我们告别了熊和神圣的银冷杉营地，沿着默诺小径缓缓东行。夕阳西下，我们在一片花草茂盛的草地上安营扎寨，这里曾是我游览特纳亚湖时的乐园。尘土飞扬中，羊群的喧闹与这些自然的花园格格不入，它们的存在甚至比林中的熊更显突兀。尽管它们对这片美景的破坏让人心痛，但我依然憧憬着未来，希望到时能有足够的积蓄，可以无拘无束地在这片纯净的荒野中漫步，当食物耗尽，能前往最近的补给点补充。去补给点的路途也不会无聊，因为无论是攀登山峰还是穿越山谷，这山间的每一步都蕴含着宝贵的教诲，每一次跳跃都充满了神圣的启示。

8月8日

今天，我们在特纳亚湖西岸扎营。到的时候时间尚早，我便沿着北岸那被冰川打磨得光滑如镜的石板小径漫步，并且攀上了湖东侧那座巍峨的山岩。此刻，夕阳的余晖洒在山岩上，山岩金光闪闪。它的每一寸肌肤，都刻着往日冰川侵蚀与打磨的痕迹，尽管它高于湖面约两千英尺，耸立于海拔高达一万英尺处。山岩表面的痕迹证实了这道古老的冰川源自东方。即便在湖水深处，某些岩石仍留有侵蚀打磨的痕迹，波涛的拍打和冲刷也未能完全抹去冰川留下的印记。攀登到最陡峭光滑地带时，我不得不脱下鞋袜。这里是探究冰川在山峦塑造中所起作用的理想之地。我还邂逅了无数迷人的植物：小山菊、天蓝绣球属、绣线菊、线香石楠属和岩蕨——包括旱蕨属和真碎米蕨属，它们分布在岩石风化的裂缝间，直至山顶。而坚韧的刺柏，或孤零零地矗立在裂缝间，或三五成群地聚在一起，见证了无数个冬季的风暴与雪崩，诉说着岁月的故事。站在山顶俯瞰，那湖光山色无疑是最迷人的。湖的源头有一块更为引人注目的岩石，高度不及我眼前这块岩石的一半。那是一块被岁月打磨得十分光滑的花岗岩巨石，约莫千尺高，宛如海浪雕琢的鹅卵石般光滑坚固，或许是因为它能更好地抵御冰川的侵蚀，所以才能耸立至今吧！

我为这湖景画了一幅素描，随后缓步返回营地。我的钉鞋在石板上敲击出清脆的声响，惊走了松鼠，惊起了鸟儿。夜幕降临，我再次来到湖边——湖面平静无风，宛如一面明镜，倒映着天空和群山、星辰和树木，它们在湖面上的风姿更显壮丽。这画面震撼人心，宛若仙境落入凡尘，人间能得几回见！

8月9日

我领着羊群，缓缓穿过默塞德与图奥勒米盆地的分水岭。霍夫曼山脉东端与主教峰之间的山岩，虽然被起伏的山脊褶皱切割得支离破碎，却依稀可见古冰川的遗迹，宽阔的冰河曾从山顶倾泻而下。跨越这道分水岭时，冰河从图奥勒米的草甸缓缓抬升了五百英尺之多。想来，当时冰河应该横扫过整片区域。

站在分水岭之巅，或是宽广的图奥勒米大草甸之上，都能望见那座被称为主教峰的奇峰。无论从哪个角度观赏，它都显得风姿非凡。那是一座从一整块大岩石中雕琢而出的宏伟神庙，尖塔与尖顶错落有致，与大教堂的建筑风格不谋而合。山顶的矮松，远看就像是一层苔藓。我渴望有朝一日能够攀上那座山峰，在那里祈祷，聆听石头的布道。

图奥勒米大草甸是一片百花盛开的草地，位于图奥勒米河南支，海拔约八千五百至九千英尺的地方，被森林和冰川雕琢的花岗岩峰峦环绕着。这些山峰仿佛被往后移动了，所以从各个角度看视野都很开阔。草甸从莱尔山的山麓延伸至霍夫曼山脉的东端，全长约十至十二英里。草甸宽度不一，从四分之一英里到四分之三英里不等，而且还有不少小草甸沿着河岸横向铺展。这是我迄今为止所见的最为辽阔且令人心旷神怡的高地乐园。空气清新，让人振奋，白日里温暖宜人；尽管身处高地，但因为四周有更高的山峰环绕，所以给人一种身处宏伟大厅的安全感。东边是达纳山和吉布斯山，这两座巨大的红色山峰海拔超过一万三千英尺，所以挡住了东边的视野；南边则有主教峰、独角兽峰以及许多无名的山峰；西边是霍夫曼山脉，而北边则矗立着一些我尚不知其名字的山峰。草甸上的草叶片极其纤细，形成了细密的草坪，上面开着一些小花，就像是飘在空中一样。草坪上至少有三种龙胆草、以及三种以上直果草属，以及委陵菜属、伊薇莎属、一枝黄花属和钓钟柳属的植物，它们以鲜艳的色彩——紫色、蓝色、黄色和红色——装点着这片草地。用不了多久，我对这些植物会更加熟悉。这里无疑是建立中央营地的理想地点，我期望从这里出发，在周围的群山中尽情探索。

回程途中，在特纳亚湖东面约三英里处，我遇到了我们的羊群。当晚，我们选择在分水岭顶的一个小湖旁的扭叶松林下扎营。此处海拔已逾九千英尺。小湖遍布于山脊、山坡和冰碛石堆间，其实大部分都只是小水潭。唯有在山谷中倾斜角度较大的斜坡下，溪流才能汇聚成辽阔深邃的湖泊，因为这往往是冰川冲力最大的地方。若能沿着这些湖泊溪流的轨迹，探究其成因，该是多么令人愉快呀！它们水质纯净，宛如晶莹剔透的水晶被放在了光可鉴人的石盆中。迄今为止，我所见的湖泊中都没有鱼的踪迹。我想，或许是因为瀑布的阻隔，鱼儿难以到达。但人们不禁会想，它们的鱼卵是否可能在某些机缘巧合下进入这些湖泊，比如附着在鸭子的掌、喙或是嗉囊中，就像某些植物种子的传播方式一样。大自然总有其独特的手段来创造这些奇迹。但无论海拔多高，总能在泥潭、池塘和湖泊中见到青蛙的身影，它们是如何抵达这些高山之巅的呢？它们当然不能一跃而上，因为穿越数英里的干燥灌木丛和岩石，对青蛙来说无疑是一场困难重重的旅程。或许是它们的胶质卵黏在了水鸟腿上，未被带到这些地方吧。不管真相如何，它们已然在此，活力四射地生活着。我喜爱它们那欢快的呱呱声和轻微的嘘声。在某些时候，它们填补了鸣禽的空缺。

8 月 10 日

又是一个充满生机的日子，它唤醒了沉睡的血液，振奋了疲惫的神经，仿佛给人注入了无限活力，让我感受到了生命的不朽。我再次站在那片宽阔的分水岭上，俯瞰着冰川的遗迹，凝视着内华达山脉的庄严庙宇和那片开阔的草甸，以及东方那片红色的大山。

我们的营地在河的北岸，靠近苏打泉。赶着羊群过河时，我们遇到了不小的挑战。它们被赶到了一个马蹄形的河湾里，被迫面对这湍急的水流。这些羊儿似乎宁愿去死，也不愿冒险踏入水中，尽管它们在必要时刻也能游得很好。羊儿为何这么怕水，我不得而知，但它们似乎生来就怕水，或许这种恐惧早已根植于它们的身体中。我见过一只新出生的小羊，在它走过的路不足一百英尺的情况下，却要过一条宽约两英尺、深约一英寸的浅溪。除了它和它的妈妈，羊群已经全部通过了这条一英寸深的溪流，所以它们最后过河时，我有很好的机会进行观察。羊群离去后，焦急的母亲率先过溪，呼唤着它的孩子。小羊羔踌躇地走到溪边，低头凝视着流水，哀声号叫着。耐心的母亲一次又一次地返回，鼓励着它的宝贝，但小羊羔似乎被这浅浅的水流吓住了，就像朝圣者面对着约旦河的汹涌波涛，不敢迈出那一步。终于，小羊羔鼓起了勇气，它的小脚颤抖着，猛然仰起头，努力想把鼻子抬到水面上，就像知道溺水的危险一样。它拼尽全力跳了出去，落在了溪流的中央。它惊讶地发现，自己不仅没有被水淹没，连脚趾也只是微微沾湿了点。它呆呆地盯着水面看了几秒钟，然后轻盈地跳上了岸，完成了这场小小的冒险。野生羊群原本就生活在山间，但它们的后代对水的畏惧，却是一个难以解释的谜。

8 月 11 日

天气晴朗，午间雷雨仅持续了十分钟。我一整天都在河北岸漫步，熟悉周围的环境。在那片延绵的扭叶松林中，我惊喜地发现了一汪小湖和几处迷人的冰川草甸。这片林子生长在一片连绵不绝的冰碛沉积物上，树木长势均匀、排列整齐，比山下的冷杉林或松树林更加茂密。这些树木相对一致的生长态势说明它们的树龄差不多一样，而这种有序的生长模式很可能是火灾的杰作。我发现了几处大片的死树，地面上长着一片年轻的树苗。在这里，火灾能够轻易地蔓延至整片森林，不仅因为树干上的树脂，还因为树木长得茂密无比，肥沃的土壤上生长着高高的阔叶草，即便是在无风的日子，大火苗也能迅速蔓延。除了那些被大火烧过的地方，我还看到了不少被连根拔起的树，一些树的树皮和针叶尚在，所以应该是被不久前的风暴吹倒的。我还偶遇了一只矫健的黑尾鹿，它的鹿角非常雄伟，就像倒下的松树根一样。

穿过茂密的林海，我步入一片洒满阳光的开阔草地，宛如一个闪着光的湖泊。这片草地大约一英里半长，四分之一到半英里宽，四周环绕着高耸挺拔的松树。草地上的草，跟其他冰川草甸上的草一样，主要是纤细柔滑的剪股颖属和异颖草属，它们那紫色的花穗和茎秆，悬浮在绿意盎然的绒毯之上，宛若缥缈的云雾。草地上点缀着几簇龙胆属、委陵菜属、伊薇莎属和直果草属植物，蜜蜂成群，蝴蝶飞舞，使得这片草地生机勃勃，美不胜收。所有的冰川草甸都美得令人心醉，但鲜有能与这片草甸相媲美的。在它面前，即便是经过精心修剪的人工草坪，也显得粗陋不堪。我多么希望能永远留在这里。这里宁静而隐秘，却又与浩瀚宇宙息息相通。

在这片辽阔的草甸的北端，我偶然发现了印第安猎人的营地。篝火还在燃烧，但猎人们尚未归来。我穿过一个个如诗如画的草甸，路过一个个湖泊，穿过一片片松林，一路向北，朝着康尼斯峰进发，沿途的景色美不胜收，四周的群山似乎在轻声呼唤：“来吧，来探索我们的奥秘吧。”我渴望能够攀上这些山岭，探寻每一个隐秘的角落。

8月12日

海拔逐渐升高，但天空的景色变化不大，约有百分之零点五的云。那些璀璨的珍珠色积雨云，被一抹美得难以言喻的紫色所渲染。我们把营地迁移到了之前提到的冰川草甸的边缘。让羊群在这片神圣的土地上肆意践踏，实在是对它的亵渎。幸运的是，它们似乎更偏爱那些汁液丰富的宽叶小麦草和其他林地里的草类，很少去碰那些由纤细草叶铺成的草甸。

牧羊人和德兰尼先生在放牧方法上总是意见不合。德兰尼先生认为比利的狗杰克追赶羊群过于频繁，今天，他们为此争执了一番，牧羊人坚称他有权利随意用牧羊犬驱赶羊群，随后便往平原方向去了。现在，我猜放牧的任务可能会落在我的肩上，尽管德兰尼先生承诺会暂时看管羊群，然后返回低地找另一位牧羊人上来，以便我能自由地在山间探索。

今天我又一次踏上了一段漫步之旅，而且收获颇丰。我向北进发，穿过森林，来到了总盆地上缘，那里冰川作用的痕迹异常清晰，并且十分引人入胜。山间低谷看起来宛如采石场，因为冰碛岩屑和巨石散落在大自然的冰川作坊中，就像刚开采出来似的。

回到营地后不久，我们迎来了一位印第安访客，他或许是我先前偶然见到的猎人营地的猎人。他告诉我们，他与族人一同从默诺来这里猎鹿。他肩上扛着一只刚刚捕获的鹿，鹿的四只蹄子被捆绑在一起，挂在他的额头上。他不慌不忙地将猎物放下，沉默片刻，仿佛在默哀。然后，他熟练地割下一块八到十磅的鹿肉递给我们，希望能从我们这里换一些面粉、面包、糖、烟草、威士忌、针之类的物品。我们以当前鹿肉的价格，公平地给了他一些面粉和糖，并额外送给他几根针。这些黑眼睛黑头发的荒野之子，他们的生活虽然简朴没规律，却也充满了奇特的宁静与幸福。他们在这片洁净的荒野中生活着，过着饥饿与饱足、安静与劳作、懒散与勤勉并存的日子，就像自然界中季节的更迭一样。对于文明社会中的劳动者来说，他们唯一羡慕的或许就是这些印第安人能够呼吸到的纯净空气和饮用到的清澈泉水。这两种宝贵的自然资源在很大程度上弥补了他们生活中的艰辛。他们的食物大多是美味的浆果、松子、苜蓿、百合鳞茎、野山羊、羚羊、鹿、松鸡、艾草鸡，以及蚂蚁、黄蜂、蜜蜂和其他昆虫的幼虫。

8 月 13 日

一整天都阳光灿烂，黎明时分天空染上了紫罗兰色，正午时分转为金色，没有云，也没有风，空气异常静谧。德兰尼先生带来了两位牧羊人，其中一位是印第安人。他们从平原上山的途中，把一部分补给放在了波丘派恩河岸的葡萄牙营地。今天一早，我带着一匹马去那里取货。正午时分，我抵达了目的地，原本计划傍晚返回图奥勒米，但在葡萄牙牧羊人的盛情邀请下，我决定留宿一晚。他们跟我说约塞米蒂的熊让他们损失不小，所以他们准备离开这片山野了。熊每晚都会造访，尽管他们竭力防范，但仍有羊被偷走吃掉。午后，我沿着约塞米蒂的峭壁漫步。站在那座名为“三兄弟”的巍峨岩石上，一幅壮阔的画卷在我眼前展开。它囊括了整个山谷的上半部分，两侧是起伏的山峦，尽头是岩石山峰，远处是皑皑白雪覆盖的山顶。春天瀑布和内华达瀑布的美景，更是让人叹为观止——坚硬的岩石与脆弱的植物，它们的美，一个永恒，一个短暂，却在这里和谐共存；瀑布倾泻而下，而在草地与森林间，水流又以最柔和的姿态静静流淌。我所在的观景点大约位于海拔八千英尺的地方，也就是山谷上方四千英尺的位置。从这里看去，每一棵树虽然都显得细小瘦弱，却清晰可辨；它们投下的影子，轮廓分明，近在咫尺。这片山间花园的精致与魅力，是任何语言都难以描绘的——大自然的花园，既温柔美丽，又不失庄严沉静，难怪它能吸引世界各地的自然爱好者前来呢。

即便是在这巍峨的高山之巅，冰川的痕迹依然清晰可见。不只眼前的山谷，那片如今阳光灿烂、风光旖旎的地带也曾被冰雪覆盖，甚至被厚重的冰层深埋地下。

我重访了我们那位于印第安溪源头的约塞米蒂营地，发现它已被熊踏平。那些熊把挤死的羊全吃了，想必有几只熊会因此丧命，因为德兰尼先生为了防狼，在离开前在羊的尸体中放了大量的毒药。牧羊人总是随身携带马钱子碱，用以对付土狼、熊和豹子，尽管在这样的高山林区，土狼和豹子并不多见。长得像狗的土狼经常在食物丰富的山麓和平原地带活动，在海拔八千米以上区域，我只见过一次豹子。

日落时分，我回到了葡萄牙营地，发现牧羊人对那些贪吃的熊感到非常愤怒，他们抱怨说：“这些熊越来越过分了！”它们已经不再耐着性子等到夜幕降临才享用晚餐，而是在大白天就公然出没，捕杀羊群。就在昨晚，也就是我到达的前一晚，当两位牧羊人在日落前半小时悠闲地赶着羊群回营地时，一只饥肠辘辘的熊突然从灌木丛中蹿出，距离他们仅有几英尺，直奔羊群而去。总是随身携带装满铅弹的枪的“葡萄牙乔”激动地开枪射击，他没有停下来查看射击效果，就丢下枪，奔向最近的一棵大树，迅速爬到一个安全的高度。他的同伴也急忙逃走，但他声称看到熊站了起来，用爪子四处摸索，似乎在寻找着什么，然后像是受伤了似的，蹒跚地消失在了灌木丛中。

在附近的营地，一只母熊带着她的两只幼崽，在日落时分突袭了羊群。当时他们正赶着羊回来，马上就到畜栏了。乔敏捷地爬上了一棵树，获得了安全，而安东却嘲笑他的同伴胆小，为了自己居然不顾整个羊群，并声称自己绝对不会让熊在大白天"吃掉他的羊"！于是他勇敢地向熊冲去，大声喊叫并指挥他的狗向熊发起攻击。受惊的小熊迅速爬上了一棵树，但母熊却迎向了牧羊人，看起来随时都会投入战斗。安东站在那里，惊讶地看着熊向他冲来，然后转身逃跑。熊紧随其后。他找不到合适的树可以爬，只能跑到营地，爬上小屋的屋顶；熊跟了过来，但没有爬上屋顶——只是站在那里瞪着他，足足好几分钟，吓得他胆战心惊。然后母熊去找它的孩子，把它们从树上叫下来，抓了一只羊当晚餐，最后消失在了灌木丛中。熊一走，安东就心有余悸地请求乔帮他找一棵稳固的树，他像水手攀爬桅杆一般敏捷地爬了上去，一直待到自己坚持不住才下来。那棵树几乎没有枝丫，所以很难长时间待在上边。经历这一连串惊心动魄的事件后，两位牧羊人砍伐并搜集了大批干燥的柴火，每晚在羊圈四周点燃篝火。他们还在附近的松树上搭建了一个舒适的可以俯瞰整个羊圈的瞭望台，每晚派一个人带着枪爬上去放哨。今夜，篝火上演的光影戏法异常迷人，将周遭的树木映衬得如梦似幻。在火光的映衬下，上千只羊的眼睛闪着光，整个羊圈宛如一床铺满钻石的华美床榻。

8月14日

昨晚，直到我上床睡觉，周围都很安静。不过，我们时刻警惕着那些长毛的掠夺者。直到午夜时分，它们才大摇大摆地穿过篝火，翻越畜栏，悄无声息地咬死了两只羊，还有十只羊因挤压而窒息死亡。树上的守夜人，因为恐惧，连枪的扳机都没有扣动，并声称自己是怕在黑暗中误伤了羊群。我向牧羊人建议立即将羊群迁往新的营地。"没用，根本没用，" 他们叹息着，"不管我们去哪儿，熊都会跟过去的。看看我那些可怜的羊吧！它们很快就会全部死去，换个营地也没用。我们必须下山回平原。" 后来我得知，他们被迫比往年提前一个月离开了这片山林。如果有更多的熊，那么破坏力只会更强，羊群压根儿就没法在这里生存。

真是奇怪，熊钟爱各种肉类，会冒着被枪击、被火烧、被毒药毒死的风险来吃羊，却从不主动攻击人类，除非它们的幼崽面临危险时。在我们睡觉时把我们叼走，对熊来说简直易如反掌！动物中似乎只有狼和老虎知道怎样猎食人类，可能还有鲨鱼和鳄鱼。在世界的某些角落，蚊子和其他昆虫可能会蚕食一个无助的人，狮子、豹子、狼、鬣狗和非洲豹在饥饿难耐的情况下也会这样做——但通常情况下，陆地动物中大概只有老虎可以被称为"食人兽"，除非我们将自己也算在其中。

云层如往常一样覆盖了百分之零点五的天空。又是一个灿烂的日子，温暖、清新、芳香又明亮。不少开花植物已经结了种子，但新花依然每日绽放，冷杉和松树香气四溢，预示着果实的成熟，用不了多久，种翅就会带着种子在风中欢快地飞翔了。

返回图奥勒米营地的途中，我沉醉于美景之中，觉得那景色比我初次见到它们时更加迷人。如今每一处景色都变得熟悉，仿佛我已在此久居。那令人赞叹的主教峰，每一次凝视它，都让我沉醉不已。除了约塞米蒂南穹顶，它无疑是我见过的最有个性的岩峰。森林似老友般亲切，湖泊、草地、欢腾的溪流，都给予了我无尽的慰藉。我多么希望能永远与它们相伴。只要有面包和清水，我便心满意足。哪怕不让我攀岩爬山，哪怕被束缚在一片草地或林间，我也会万分满足。沐浴在这美景之中，观察群山的变幻，仰望那比低地梦境中更加璀璨的星空，感受四季轮回，聆听水声、风声和鸟鸣，都是无尽的快乐。每一天都能欣赏壮观的云彩，无论天气是风暴还是宁静的——每一天都是新生的天地、新的生灵，都是全新的篇章。我确信，在这片神圣的土地上，我永远不会感到乏味。这夸张吗？不，这只是常识，是健康的象征，真正的、自然的、完全觉醒的健康。在这永恒的神圣舞台上生活，聆听大自然的演讲与乐章，观赏大自然的演出与美景，光影交错——太阳、月亮、星辰和霞光。创造才刚刚开始，晨星仍在歌唱，上帝的孩子们都在欢呼。

第九章　布拉迪峡谷和默诺湖

8 月 21 日

完成了一次激动人心、近乎完美的山脉穿越之旅，我抵达了默诺湖，那一路的风光，让人流连忘返。那个夏天，德兰尼先生就像是守护我的天使，总是在我最需要的时候伸出援手。他是那种被淘金热磨炼得了不起的加利福尼亚人，就像内华达山脉经过冰川的雕琢才拥有了那般的峻岭和山脊一样，岁月也造就了他的性格。他是爱尔兰人，身材高大魁梧，心地善良，曾在梅努斯学院接受过神职教育。他身上的优点，在山间的阳光下不时闪耀着光芒。他理解我对大自然的热爱，有天晚上，他建议我去探索一下布拉迪峡谷，他认为那里的野性之美足以吸引我。虽说他自己并没有踏足过那片区域，但不少矿工朋友都对他说，那里是内华达山脉中最原始的地方。我当然迫不及待地想要踏上这段旅程。峡谷位于我们营地东侧，从山脊的最高点垂直向下到默诺沙漠的边缘，在四英里的距离中海拔下降约四千英尺。早在 1858 年的淘金热之前，野生动物和印第安人就已经知道并使用这条路径，这一点从峡谷顶端交错的老路上不难看出。至于峡谷名称的由来，可能是因为那里的变质页岩呈现出的红色，也可能是因为那些在锋利的岩石上艰难前行的动物留下的斑斑血迹。

清晨，我轻装上阵，把笔记本和几片面包系在腰带上，满怀期待地踏上了旅程，心中预感接下来必将是一场盛大的自然盛宴。沿途的冰川草地让我不由自主地放慢了脚步，那些蓝色的龙胆花、雏菊、美国熊果、矮越橘，像熟悉的老友一样向我招手，引我驻足观赏。我不禁凝视那些在古冰川的巨大压力下被磨得光滑如镜的岩石，它们在阳光下闪着光。透过放大镜，上面的细微划痕清晰可见，无声地诉说着冰川流动的方向。在一些光滑的倾斜石面上，岩石陡然断裂，形成天然台阶，似乎在讲述着大块岩石和小块石头在冰川压力下塌陷、移动的故事。冰碛石或各方散落或整齐地排列成堤坝状，给这片区域的地表增添了一种年轻气息，就像是刚刚形成不久似的。我不断攀升，发现松树逐渐变得矮小，周围的植被也逐渐变得低矮。在猛犸山坡的南侧，我发现丛林间有不少沟壑，从森林线顶端一直延伸至草地的空旷地带，那是雪崩留下的痕迹。雪崩席卷而过，带走了沿途的全部树木和土壤，只留下裸露的基岩。几乎所有的树木都被连根拔起，只有少数几棵深深扎根于岩石缝隙中的树木，在接近地面的地方被折断。这些树木在此安然生长百年之久，却因雪崩被瞬间摧毁，这景象真是让人叹为观止！这样的雪崩只有在极为罕见的天气和降雪条件下才会发生。毫无疑问，在山腰的某些区域，由于坡度陡峭且地表光滑，每逢冬季或大雪降临，雪崩便会如期而至，所以雪崩经过之处寸草不生，就连灌木也无法存活。我观察到有几处斜坡都被清理得十分干净、彻底。那些生长在“百年雪崩”路径上的树木，不幸被连根拔起，紧贴着空地边缘堆积成一道道树梢朝下树根朝上的树墙，仅有少数被冲到了草地的开阔地带，停留在雪崩停止的地方。扭叶松和白皮松的幼苗已经在这些被雪崩扫空的土地上萌发生长。探究这些幼苗的年岁，无疑是一件趣事，因为通过它们，我们或许能够大致推算出大雪崩发生的时间。或许大部分雪崩都发生在同一个冬季的风暴中。若能自由地投身于这样的研究，该是多么令人欣喜的体验啊！

在山间小径接近山顶的地方，我发现了一丛低矮的柳树，它们匍匐在地面，编织成一片柔软而光滑的灰色绒毯，没有一根枝条超过三寸长。不过，它们的柳絮已近成熟，花絮挺立着，形成了一簇簇紧密而近乎规整的灰色花簇，比周围植物的花簇都要大。这些小巧的柳树，有的仅顶着一朵花序——柳树丛已经低矮到了极致。我还发现了矮小的越橘丛，它们铺就了一层光滑的地毯，紧贴着地面或岩石的侧面生长，上面开着粉红小花，如同自天而降的冰雹一般。在更高处，接近小径的最高点，我惊喜地发现了蓝得发亮的北极雏菊和开着紫花的比安属植物，它们是这片山峦的宠儿，与蓝天面对面，奇迹般地保持着安全与温暖。它们生长的地方越是狂野、风暴越是肆虐，它们就越显得娇嫩、纯洁。那些坚韧的、树脂丰富的树木似乎已到达了生长的极限，不能再向更高处攀登；然而这些柔弱的植物却勇往直前，远远超出了森林线，欢快地将它们那灰色与粉色的地毯铺展在了浅谷的雪堆边缘。这里还有熟悉的知更鸟，它们在花丛中跳跃，勇敢地唱出我从苏格兰老家初到威斯康星州时听到的欢快旋律。在这美妙旅伴的陪伴下，我悠然自得地漫步，完全忘记了时间的流逝。最终我踏入了小径的入口，巨大的岩石开始环绕在我的四周，显示出一种神秘的庄严感。就在那一刻，我被一群毛茸茸的奇异身影惊得心头一跳。它们慢吞吞地挪动着，仿佛身体里没有骨头支撑。若是能在远处瞥见它们，我定会绕道而行。它们与我方才沉醉的美景形成了鲜明的对照。待我走近，才恍然大悟，原来这只是一群从默诺湖出发，前往约塞米蒂采集橡子的印第安人。他们披着由野兔皮制成的毯子，有些人的脸上积累了厚厚的污垢，就像是历经了地质年代一样；他们的脸被皱纹和疤痕分割成一块块的，宛若风化的岩石表面。我本想继续前行，但他们却不放我走，阴沉地围成了一个圈，将我紧紧围在中间，跟我要威士忌或烟草，我费了好大劲才让他们相信我身上没有带那些东西。我是多么庆幸能从这群灰暗、阴沉的人中脱身，看着他们消失在小径上！不过，不论他们落魄到了何种地步，对同类产生如此绝望的排斥感，也不免令人心生哀伤。比起同类，我更喜欢松鼠和花栗鼠，这或许的确有些不正常。因此，在我们之间隔着一阵清风、一座山或是一道丘陵时，我愿他们一路顺风，并努力与彭斯一同祈祷和歌唱："那一天终会到来，无论如何，人类终将成为手足。"

我几乎忘却了时间的流逝。地图上显示的路程不过十到十二英里，然而，夕阳已到了天边的地平线上，这说明我已在冰川巨石、冰碛石和高山花坛间驻足、观赏、描绘、记录良久。

黄昏时分，昏暗的峭壁和山峰被晚霞染上了难以名状的绚丽色彩，一切都被笼罩在一种庄严肃穆、令人生畏的宁静里。接着，我无声无息地爬进了峡谷顶端一个小湖旁的浅谷中，找到了一个避风的角落，收集了一些松针铺成床。夜幕降临后，我点燃了一堆篝火，煮了一壶茶，躺下来看星空。不久，从头顶的雪峰上吹来了夜风，起初只是轻轻地拂面，随后逐渐增大，不到一小时就变得如同咆哮的激流般，在岩石间回荡，仿佛肩负着某种重大的使命；风暴声与峡谷北侧的瀑布声交织在一起，有时清晰可闻，有时又被更大的风声淹没，共同谱写了一首狂野的赞歌。我的篝火在避风处挣扎扭曲地燃烧着，尽管得到了庇护，但偶尔也会有冰雹似的寒风砸下，吹得火星和炭火四溅，迫使我不得不后退以免烫伤。不过，那些大块的松树根和松节既不会被吹灭也不会被吹走，火焰时而像长矛般直冲云霄，时而在岩石地面上翻滚盘旋，它们咆哮着，仿佛在诉说自己还是树木时所经历的风暴的故事，而它们散发出的光芒正如它们在数个世纪的夏日里所收集的阳光一样。

夜间，群星在深邃的空中闪烁，宛如点缀在悬崖峭壁间的宝石。我沉浸在白日的记忆中，突然，一轮满月从峡谷的边缘缓缓升起，她的脸庞写满了关切，令人惊叹，仿佛她特意离开她的轨道，只为来看望我，像个闯入我的静谧卧室的不速之客。很难相信，她依旧高悬于天际，俯瞰着半个地球，包括山川湖海、城市乡村，无论生活其间的人们是沉睡还是苏醒，是健康还是疾病。她似乎只在这峡谷的边缘，只注视着我一个人。这真是与大自然的亲密接触。我还记得在威斯康星州的橡树下，看到圆圆的月亮升起，它大如车轮，仿佛触手可及。除了这些难忘的时刻，我或许从未真正领略过月亮的魅力。今夜她如此生动，如此贴近，她的魅力让我忘记了周围的一切——忘记了那些印第安人，忘记了头顶的巨石，忘记了风和流水在峡谷间的咆哮。当然，这一夜我几乎没有合眼，而是在满怀期待地迎接默诺沙漠的黎明。当我煮好一杯茶时，阳光已经洒满了整个峡谷。

我满怀激情地凝视着那宏伟的红色页岩峭壁，它们被大自然的力量粗犷地雕琢打磨，只消一次大雪崩，就会有巨石滚落，堵塞峡谷，填满湖泊。然而，转瞬间，我的眼睛便被那壮丽的景色填满了！我的目光轻快地在岩石间跳跃，欣赏着晨光中熠熠生辉的光滑岩面。在冰碛和雪崩留下的粗糙石堆中，它们显得格外耀眼，即便是在峡谷之巅，靠近冰川源头的地方也是如此。这里生长着许多低矮植物，它们和我昨天在分水岭另一侧见过的差不多，正睁开美丽的眼睛，迎接新的一天。在这荒野之中，大自然对这些小生命的温柔呵护，令人赞叹不已。小黑鸫鸟在峡谷湍急的溪流边飞舞跳跃，在冰冷的池水中潜水觅食，欢快地歌唱，仿佛这巨大、粗犷、被雪崩横扫过的峡谷是它们最温馨的家园。除了高高悬挂在峡谷北壁上那道宛若从天而降的大瀑布，还有许多细长的瀑布，它们像明亮的银带，沿着红色悬崖的裂缝蜿蜒而下，时而隐匿在岩石间，时而在阳光的照射下形成斑驳光影的岩壁上跳跃。

峡谷的溪流上，还有一连串的小型瀑布、湍急的水流以及旋涡，它们一路奔腾至谷底，偶尔在湖泊中歇息，仿佛这里是激流的安宁之港。其中，最为迷人的一道瀑布如同绸带般铺展在峭壁上，水流被岩石的缝隙分割成长条状，编织成钻石般璀璨的图案。线香石楠属植物、禾草、鼠尾草、雨伞草、龙胆属、多瓣木属、报春花交织成绚丽的花边，环绕着瀑布。谁能料想，在这粗犷的天地间，竟隐藏着如此精致的景致？在隐蔽的角落或浅谷，植物正旺盛生长，花儿正绚烂绽放——山腰有翠雀花、耧斗菜、直果草属、火焰草属、风信子、柳叶菜属、紫罗兰、薄荷和西洋蓍草；山脚下则有向日葵、百合、刺玫瑰、鸢尾、忍冬和铁线莲。

其中一个小瀑布，我称之为树荫瀑布（Bower Cascade）。它隐匿于茂密的植被中，野玫瑰和山茱萸交织成天然的拱廊，像是为溪流搭建了一个翠绿的棚顶。这潺潺的溪流汇集了无数充满活力的支流，从树荫下奔腾而出，划出道道波纹，迸发出璀璨的水花。一汪湖水静谧地躺在峡谷深处，它的形成得益于终碛石筑成的天然堤坝，拦住了溪流的去路。而峡谷中的另外三个湖泊，则像是硬质岩石在冰川的侵蚀作用下形成的，湖盆边缘被冰川侵蚀打磨得光滑如镜。这些湖盆，宛如大地的眼眸，静静地凝视着岁月的流转。在终碛石湖下游，隐藏着几处旧日的湖盆，它们位于延伸至沙漠的横向冰碛之间。这些曾经水波荡漾的湖盆，如今已被溪水带来的泥沙填满，变成了干燥的沙地。这片沙地上，青草随风摇曳，艾属植物和向阳植物竞相生长，它们在这里安家，诉说着过往的辉煌。在融雪较少和降雪量变大的情况下，终碛石在此堆积，最终形成了这些低洼的湖盆。

清晨我在默诺平原漫步，从平原的边缘向上望去，眼前是梦幻般的美景，植被与气候的剧变令人赞叹。湖畔的百合花已经高过我的头顶，仿佛在烈日下生长的棕榈树。不过，离我仅四英里的山道顶点，环绕着寒带花园的皑皑积雪依旧清晰可见，二者之间，仿佛浓缩了全球主要气候带的典型景观。在短短一个多小时的旅程中，人们仿佛从凛冬穿越到盛夏，从寒带的冰天雪地穿越到热带的郁郁葱葱，感受着从拉布拉多到佛罗里达般巨大的气候变迁。

在峡谷底端，我偶遇了一群印第安人，他们的营火在冰碛湖畔的小溪旁依旧冒着轻烟；四五英里外，默诺沙漠的边缘，一片片野生黑麦随风起舞，那挺拔的麦穗在阳光下熠熠生辉，穗头长六至八英寸。这些野生谷物已经成熟，印第安妇女们正忙着用篮子收集谷粒。她们压下一束束麦穗，用手掌拍打，借着风的力量扬去糠皮。谷粒长约八分之五英寸，颜色浓重，味道甘甜。我想，用这谷物烤制的面包定能与小麦面包媲美。这种在野外收集谷物的场景，宛若松鼠的劳作，妇女们乐在其中，她们的欢声笑语此起彼伏，几乎与自然环境融为一体。尽管我见过的许多印第安人并不比我们这些所谓的文明白人更亲近大自然。或许，如果我对他们有更多的了解，我会更喜爱他们。不讲卫生是他们最让人难以忍受的缺点。在默诺湖畔，我看到了他们搭建的简陋小屋——只是些由树枝搭成的棚子，他们就在里面懒洋洋地躺着，享受着食物。在茂密的灌木丛下，一群男人正悠闲地品尝着水牛莓，这些灌木如今已挂满累累硕果。水牛莓的味道虽不算浓郁，却营养丰富，据说印第安人有时连续数日甚至数周仅以此果为食。在相应季节，他们主要吃咸水湖中苍蝇的肥美幼虫，或是西黄松叶上那些丰满的蚕蛾幼虫。偶尔，他们会组织一场声势浩大的猎兔行动，用棍棒在湖岸击打，成百上千的兔子在狗、孩童、男女的驱赶下，惊慌失措地逃向火堆，然后被迅速宰杀。兔皮会被制成温暖的毯子。秋日里，那些最有野心的猎人会带回不少鹿肉，偶尔他们还能从高峰上捕获一只野羊。羚羊曾是深山腹地沙漠中的常客。野鸡、松鸡和松鼠也丰富了他们以昆虫为主的野外饮食；单叶松的松果被他们精心收集，制成美味佳肴，而橡子和野生黑麦则被用来制作可口的面包和粥。有趣的是，他们似乎对湖中的幼虫情有独钟。他们会把那些长长的幼虫堆积在湖岸上，像收割庄稼一样收集并晒干，以备冬季之需。据说，不同部落和家族常常为了争夺虫子捕获地而发生冲突。每个部落和家族都声称对湖岸的某一特定区域拥有所有权。单叶松的松子口感极佳——每年秋天，都会被大量采摘。山脉西侧的部落则用橡子来交换幼虫和松子。妇女们背负着沉重的担子，穿越崎岖的山口，来回跋涉四五十英里。

湖畔的荒原竟意外地盛放着繁花。在茂密的鼠尾草丛中，我惊喜地发现了门策贝属、叶子花属、紫菀属、琵格罗维亚属和吉莉草属，它们在阳光下尽情舒展。尤其是叶子花属，它们精致、芬芳，散发着魅力。

峡谷对面，一排火山锥向南延伸，它们从沙漠中突兀而起，宛如一条新生的山脉。最高的火山锥约有两千五百英尺高，火山口保存完好，显然是大自然的新作品。从几英里之外看去，它们就像是一堆堆松散的火山灰，从未被雨雪滋润。尽管如此，西黄松还是顽强地攀爬上了它们那灰色的斜坡，试图为它们披上翠绿的新装。多么惊人的对比呀！炽热的沙海被皑皑白雪覆盖的山峦所环绕，火山灰与冰川磨砺的岩石交织成一幅幅壮丽的画卷，冰霜与火焰共同雕琢出这片美景。湖面上，几座火山岛若隐若现，仿佛在诉说着湖水与火焰共舞的往事。

重返山峦的绿荫下，我心中满是欢喜。尽管我也曾沉醉于那灰色的东坡，渴望探索更多未知的奥秘。在这些大山书写的宏伟篇章中，我读懂了大自然的辩证法：每一次的炽热与寒冷、宁静与风暴、火山的怒吼与冰川的侵蚀，都是毁灭与创造的轮回——从一种美到另一种美的蜕变。

我们的营地位于苏打泉北侧，那里的冰川草地每天都绽放着新的光彩。草地上，纤细的草叶如同丝线般铺展开来，踏上去，就像是踩在一块奢华而柔软的长绒地毯上，紫色的小花穗轻轻拂过脚边，几乎感觉不到它们的存在。这是一片典型的冰川草地，它位于一个已经消失的湖盆里，四周被整齐的扭叶松环绕，就像士兵们列队守卫城墙一般。在这片区域，还有许多这样的草地，它们镶嵌在树林之中。河岸的主要草地几乎都是一样的，连绵不断地延伸十到十二英里，但我所见过的草地中，没有一个比营地这片草地更加精致和完美。这里的开花植物比盛花期的威斯康星和伊利诺伊州的草原还要丰富，有三种龙胆属植物、一种紫黄相间的直果草属、一两种秋麒麟草属、一种极像龙胆属植物的小蓝色钓钟柳属植物、委陵菜、伊薇莎属、马先蒿属、白色紫罗兰、美国熊果属和比安属植物尤为引人注目。它们的花朵竞相开放，构成了一幅生动的彩色画卷。

这片草地上，没有一株杂草。一条小溪悄然穿过这片花草丛生的天地，它流淌得如此轻柔，生怕打扰了这片宁静。它的大部分只有三英尺宽，只在个别地方扩张成直径六至八英尺的圆形水潭，人们很难觉察到水的流动。水潭被苔藓覆盖的草地温柔地环抱着，草尖像微型松树一样倾斜在溪流上，沉入水中的大石上铺满了线香石楠属植物。在草地的尽头，这条充满活力的小溪唱着欢快的歌，顺着层层叠叠的岩石流向图奥勒米河。东方的天际，达纳峰巍峨耸立，它那绿、红、白三色相间的山体在松树线顶上显得格外壮丽；北面，一排崎岖的灰色花岗岩峭壁和山脉连绵起伏；西边，霍夫曼山那独特的冠状和堡垒状的峰顶吸引着旅人的目光；南面，主教峰山脉的雄伟身姿，包括宏伟的主教峰、大教堂尖峰、独角兽峰以及其他几座灰色的尖顶或圆顶山峰，映入眼帘。

第十章　图奥勒米营地

8 月 22 日

天空澄澈无云，西风轻拂，带来丝丝凉意，草地上挂着一层薄薄的霜花。卡洛不见了踪影，我整日都在焦急地找它。在营地与河流之间的密林里，高大的青草和倒伏的松树间，我偶遇了一只小鹿。起初，它似乎对我充满好奇，想要靠近，然而当我试图接近它，距它仅仅几步之遥时，它却转身离开了，步态谨慎轻盈，宛如一只机警的、来去无声的小猫。接着，仿佛被某种突如其来的警报或呼唤所驱使，它开始像成年鹿一般奔跑，高高地越过倒在地上的树干，转瞬间便消失了。或许是它的母亲在呼唤，但我并未听见。我猜想，小鹿通常不会离开它那灌木丛中的家，除非是受到了召唤或惊吓。我为卡洛感到担忧，周围有不少营地，还有一些别的狗，但我依然抱着能找到它的希望。它从未离开过我。美洲豹在这一带并不常见，我想，那些神秘的猫科动物应当不至于大胆到去招惹卡洛。它对熊的习性了如指掌，自然也不会让它们有机可乘。至于那些印第安人，他们压根儿对卡洛不感兴趣。

8 月 23 日

清新宜人的一天，似乎在宣告着印第安夏日的临近。德兰尼先生去往赫奇赫奇山谷附近的史密斯农场，距离这里大约三十五至四十英里。因此，我将独自度过一周甚至更长的时光——但并非完全孤身一人，因为卡洛回来了。它去了西北方向几英里外的营地。我问它去了哪里，为何不告而别，它显得有些羞愧，现在它正试图让我抚摸它，满脸都是求饶的神情。这只狗真是聪明绝顶。我心中的忧虑也随之消散。我是无法撇下它独自离开这片大山的。它似乎也很高兴能回到我的身边。

玫瑰色和绯红色的晚霞渐渐褪去，星星开始闪烁，月亮在达纳山顶升起，显得庄严而神圣。我在皎洁的月光下漫步，漆黑的树影清晰而分明，就像是被火焰烧焦的木桩似的，所以我常常不由自主地抬起脚想要迈过去。

8 月 24 日

又是一个迷人的清晨，太阳刚刚升起就带来了温暖与宁静，天空中仅有百分之零点一的云——淡淡的丝状卷云，几乎细不可察。轻霜覆盖了一切，如同印第安之夏的晨露，山峦的轮廓在雾霭中变得柔和，宛如梦境。夜幕降临时，天边的暗紫色逐渐铺开，恍若圣华金平原在风和日丽的日子里出现的晚霞，散发着独特的韵味。月亮从达纳峰上空静静地凝视着大地，夜风轻拂，带来一丝清爽。我在想，这世上是否有另一座山脉，能拥有它这般宜人的气候，能如它这般包容、友好、易于接近。

8月25日

清晨一如往常地带着一丝凉意，但很快就温暖明媚了起来。到了傍晚，西风渐渐变冷，再次将我们吹回到了那熊熊燃烧的篝火旁。在大自然的万花筒中，没有哪个地方能比这片冰川草地更加美丽了。蜜蜂和蝴蝶依旧飞来飞去，似乎未曾感到季节的更迭。鸟儿们也仍旧在欢唱，没有丝毫离去的迹象，尽管霜冻的到来提醒着它们冬天已经临近。对我而言，我情愿在这里度过整个冬天，乃至永远留在这美妙的自然怀抱里。

8月26日

今早有霜，草地被披上了一层璀璨的虹彩，仿佛是大自然精心培育的阳光开出的花朵。远处，达纳峰的轮廓在天边若隐若现，云彩堆积如岩石般崎岖，它们的色彩与山峰的红土相映成趣。地平线的边缘被渲染成淡淡的紫色，松树的塔状尖顶在这片天空中显得格外挺拔。我在光影的变幻中度过了一天的宁静时光，观察着草地、种子、迟开的龙胆花、翠菊和一枝黄花，它们的色彩在渐浓的秋意中逐渐浓重起来。我拨开一片片草叶，观察苔藓和地钱；观察那些忙碌的蚂蚁、甲虫和其他小动物，它们或是辛勤劳作，或是嬉戏玩耍，就像森林中的松鼠和熊一样自在。我还探究了湖泊和草地的起源、冰碛的遗迹，以及山体的侵蚀雕刻艺术。在这些探索中，我虽只是浅尝辄止，却已被这宁静之美深深吸引。

今天云量特别多，但整体上天空仍然明亮，因为云比平常更澄澈。云量约为百分之十五，若在瑞士，这将被视为特别晴朗的天气。在这片壮丽的山脉上比在世界上其他地方都更能享受自由的阳光。这里有最灿烂的天气，最耀眼的冰川打磨雕琢的岩石，最绚烂的彩虹瀑布，最明亮的银杉和银松林海，最闪亮的星光和月光，也许还有最多的闪耀晶体，无数的镜子般的湖泊，在明媚的阳光下，闪烁着最耀眼的光辉。夏季短暂的阵雨过后，霜冻的清晨，阳光穿透草地上的露珠和松针上的冰晶，散发着迷人的光芒。山顶的晨光和晚霞，美得令人难以置信。内华达山脉被称为“光之山脉”，确实名副其实。

8 月 27 日

今天的云量只有百分之零点五，傍晚时分，白色与粉色的云朵飘荡在霍夫曼山脊上空。而清晨的霜花则在静谧中悄然绽放，每一片晶体都如同精心雕琢的宝石，闪耀着永恒的光芒。

想起如同蕾丝般缓缓铺展流动的溪流，我恍然大悟——万物皆在流转。无论是活泼的动物，还是看似沉寂的岩石，都与流水一般，生生不息。雪，在冰川的怀抱中或急或缓地滑落，绘就一幅幅壮美的画卷；空气，在浩荡的气流中穿梭，携带着矿物的微粒、植物的叶片、种子与孢子，伴着优美的旋律与芬芳的气味；水流，携着溶解的岩石、泥沙、鹅卵石、巨石，塑造着大地的轮廓；岩浆，自火山深处喷涌而出；动物们汇聚成群，或漫步，或跳跃，或滑行，或飞翔，或游弋；而星辰，宛如流淌在大自然温暖心脏中的血液，永不停歇地在宇宙间流转。

8月28日

黎明如同一首用色彩谱写的赞歌。天空中没有一丝云影，大地被轻轻覆盖上一层白霜。随着时间的推移，气温渐渐升高。龙胆花的花瓣，尽管看起来那么娇嫩，却丝毫不畏惧晨霜，它们在夜幕降临时合拢，仿佛安然入睡，然后伴着第一缕阳光到来，又以崭新的面貌迎接新的一天，生机盎然，宛若新生。草色较之前黄了些许，但霜冻并未让任何植物凋零。蝴蝶和小飞虫在夜晚被霜冻得僵住，但太阳一升起，它们便在温暖的日光中翩翩起舞，充满了活力，洋溢着欢乐。虽然它们的生命短暂，但春天的到来总会带来新的生命，这些新的生命将在春风中再次展翅，仿佛在嘲笑冬天的严酷。

8月29日

天空中云层覆盖率约为百分之零点五，略有霜冻，天气温和宁静。我整日凝望群山，细细观察光影的流转。山脉披上的光之华服越发清晰，白中透紫，中午时淡薄，晨昏时浓重。万物似乎都在沉思，虔诚地等候着上帝的旨意。

8月30日

今天，天空如昨日一般宁静。云朵似乎只为展示它们的美丽而存在，别无他求。夜晚悄然无声到来的冰霜，给田野披上了一件精美的冰晶外衣。大自然慷慨地绘制着它的画卷，不断地创造与摧毁，追逐着每一个微小的颗粒，从一种形态到另一种形态，周而复始，永不停息，却总是那么美丽动人。

今天早上，德兰尼先生到了。在他离开的日子里，我没有感到一丝孤独。相反，我享受着前所未有的陪伴。这片荒野似乎充盈着生命与温情，洋溢着人性的光辉。连那些沉默的石头，也似乎变得健谈、富有同情心，如同手足一般。我们同根同源，被同一个造物主创造，这根本没什么好惊讶的。

8月31日

天空云量约为百分之零点五。细丝般的卷云和流苏般的云彩，几乎难以察觉。草地上覆盖着一层薄薄的霜花，而森林里却看不到一点霜的痕迹。龙胆花、秋麒麟草、翠菊等似乎都没有受到霜冻的影响；它们看似娇嫩的花瓣和叶片，没有受到一丝损伤。花儿们每天都静静地开放、闭合，无须任何声张，也不费任何力气。神圣的宁静笼罩着这片壮丽的大地，就像那种尊贵庄严的人类面孔上，偶尔流露出的淡淡喜悦。

9月1日

今日云量约为百分之零点五，云淡风轻，天边的云彩没有特别的色彩，它们像是大自然随意挥洒的装饰，没有一点雨雪的征兆。这一天平静得让人心醉。大自然的心脏跳动着，孕育着迟开的花朵和晚熟的种子，为下一个盛夏做准备。它充满了生命的气息和对未来的憧憬，也透露着成熟之后等待生命的终结的美，讲述着神圣的智慧、善良与不朽。攀上达纳峰顶，我迫不及待地想要多看一眼，因为离别的时刻即将到来。从山顶望去，满眼都是美景：东面是默诺湖和荒漠，山脉连绵起伏，显得荒芜而灰暗，裸露的岩石仿佛是从天而降的一堆堆尘埃。宽广的默诺湖，直径约为八到十英里，犹如打磨过的银盘，在阳光的照耀下熠熠生辉，那灰色的沙岸上，不见树木的踪影。向西远眺，壮丽的森林覆盖着无数山脊和丘陵，环绕着穹顶山及其附属的山峰，沿着分水岭勾勒出长长的曲线，填满了冰川冲刷过后留下的土壤床，不管那里是嶙峋怪石遍布还是表面平整光滑。向南北两个方向望去，壮丽的高山、悬崖、峰顶和雪原映入眼帘，它们是流向西方大海和东方炙热盐湖与荒漠的河流之源，蒸发过后，迅速回归天际。在冰碛覆盖的斜坡和崩塌的岩石间，我发现了许多仍在开花的纤细又坚韧的植物。这次旅行，我最大的收获是领悟了自然景观的和谐统一与万物间的微妙联系。湖泊与草地，恰是古冰川猛烈冲击的遗迹，它们最长的轴线彼此平行，也与侧冰碛和中冰碛上森林带的延伸方向一致，这些森林带长在冰川末期消失时沉积的土壤上。山丘、山脊和山峰的形态，也显示着冰川侵蚀的痕迹，它们似乎是在冰川强有力的横扫、下压、覆盖作用下的幸存者，要么质地非常坚硬，要么位置最为有利。这一切是多么引人入胜！每一块石头、每一座山、每一条溪流、每一株植物、每一个湖泊、每一块草地、每一片森林、每一座花园、每一只鸟、每一头兽、每一只昆虫，似乎都在向我们诉说着它们的故事，邀请我们去探索它们的历史和相互关系。但是，我这个渺小无知的学者，真的有机会去深入学习它们所提供的课程吗？这一切美好得令人难以置信。过不了多久，我将不得不离开这里，返回低地。这个临时的营地很快就会被拆除。如果我有几袋面粉、一把斧头和一些火柴，我会在这里建造一间小木屋，储备足够的柴火，留在这里过冬，观察那些暴风雪中的动物如何过冬，欣赏森林被积雪覆盖的样子，留意雪崩的壮观景象和轰鸣声。但现在，我的食物已经不多了，我不得不离开。不过，我一定会回来的，我确信我会回来。再没有其他地方能像这片热情好客、充满神圣气息的荒野这般深深地吸引我了。

9 月 2 日

今日，天空绘就一幅宏伟的画卷——红霞满天，绯红如火。我不清楚这意味着什么，只知道这是自宁静的晨光、紫色的黄昏和静谧的白昼以来发生的第一个显著变化。然而，没有一点风暴将至的征兆。云量仅为百分之零点八，林间也没有预示天气突变的风声。清晨和黄昏，天空染上红色，这红不似平日的紫光那般弥漫，而是凝聚在清晰可辨的云层上。这些云层静如止水，仿佛被钉在了山峦切割出的天际线上。达纳峰和吉布斯峰被深红色的云层温柔地覆盖着，云层的边缘向下蔓延，几乎触及山脚，但达纳峰的圆形山顶依然清晰可见，仿佛独自飘浮在巨大的绯红云层上似的。南面的猛犸山，位于吉布斯峰和布拉迪峡谷的南侧，积雪斑驳，矮松成丛，也戴上了一顶绚丽的云帽，这云帽完全不吝色彩——那浓郁而饱满的红色，足以被送往星辰间燃烧，独立又壮丽。人们总是感叹大自然的慷慨与丰饶，看似挥霍无度，实则蕴藏着无穷的资源。当我们细细探究大自然的每一个举动，便会发现，她从未浪费过一点物质，哪怕是一个分子。所有物质都在不断地流转，从一种形态变化成另一种形态，从一种美丽提升到更高的层次。于是，我们不再为浪费和死亡而哀叹，反倒为宇宙的不朽和取之不尽用之不竭的财富而欣喜赞叹。我们耐心地观察和等待，相信在我们周围消逝的万事万物，必将以更加美好、更加迷人的形态再次出现。

我如同饥渴的旅人，贪婪地凝视着空中红色云彩的变幻，仿佛见证着云之山脉的新生。不一会儿，图奥勒米河、默塞德河及圣华金河北汊源头那些积雪覆盖的山峰，也披上了壮美的彩云，但形态更为复杂，和它们所笼罩的壮丽的河流源头交相呼应。南面的西奈峰和主教峰也被彩云笼罩着。我从未见过如此精妙的石头与云彩的结合，它们的形态、色彩、质地都如此水乳交融，仿佛天与地的完美融合。它们生机勃勃，每一个细节和色彩的微妙变化都扣人心弦。我们沉醉于这狂欢之中，喜悦之情溢于言表，仿佛每一幕神圣的景象都是我们灵魂的一部分。在这神圣的景致中，我们愈发感到自己是这野性自然的一部分，与万物息息相关。我今天大部分时间都待在山谷北边的高地上，俯瞰那些红色的绚烂云彩，看它们将奇异光芒洒满整个盆地，脚下的岩石、树木和小小的高山植物也似乎在静静地沉思，仿佛它们也在欣赏这新奇的云彩世界。

我一路跋涉，越爬越高，终于来到了那些人迹罕至的小小花园和蕨类植物的乐园。人们总以为这些地方很难有生命存在，但它却孕育出了最娇艳、最柔弱、最热情洋溢的植物。每当我在这些迷人的生命旁流连忘返，不禁会问：“你们是如何在这里安家的？是如何挨过冬日严寒的？”它们似乎在轻声回答：“我们的根深植于夏日被晒得暖烘烘的岩石缝隙里，被细腻的雪被保护着，严寒根本无法侵袭，我们在长达半年的冬季中沉睡，期待着春天的到来。”

自从我踏入这片大山，我一直在寻找那被誉为最迷人、最讨人喜欢的锦绦花属植物。然而，奇怪的是，我至今还未与它相遇。在高山的漫步中，我不断地低声呼唤，“锦绦花属，锦绦花属”。正如加尔文主义者所言，这个名字已深深刻在了我的心中，尽管在我周围，无数美丽的植物不请自来，但锦绦花属却似乎意识到了自己的珍贵，总是不肯出现在我的面前。如果我还想在今年找到它，就必须加快脚步了。

9月4日

天空如洗，澄澈透明，天地间洒满了印第安夏日的柔光。松树、铁杉和冷杉的果实渐趋成熟，松鼠们跑来跑去，从清晨到夜幕，忙着收集和储藏食物。几乎所有的植物都已结籽，它们夏日的使命已然完成，随着冬日渐近，雪花即将起舞，那些夏季的鸟儿和鹿群也将很快跟随父母迁徙至山脚和平原。

9月5日

万里无云，天气凉爽，没有风，看上去不会有任何重大天气变化。我一直在为北图奥勒米主教峰画素描。日落时分，晚霞色彩斑斓，壮丽无比。

9月6日

又是一个万里无云的日子，清晨和傍晚的天空被染上了紫色，而正午时分天空则充满纯净的宁静阳光。日出后没多久就温和了起来，没有一丝风。人们不由自主地驻足，好奇地观察着大自然即将上演的剧目。这种宁静而朦胧的天气，似乎预示着真正的印第安之夏即将到来。尽管天空中的黄雾略显稀薄，但那黄色的大气层依旧清晰地展现出东部印第安夏天的特有风貌。那空气中独特的成熟的味道，或许是因为飘浮着无数成熟的孢子。

最近，德兰尼先生总是严肃地提起，是时候离开这片高山了。他绘声绘色地讲述了许多羊群在突如其来的暴风雪中遭遇灭顶之灾的悲惨故事，那些暴风雪，总是不期而至，尽管我们现在正享受着清新宜人的美好天气。“不管怎样，”他说，“我可不敢在这个月中旬之后，还逗留在这深山里，哪怕天气再温暖，阳光再明媚。”他计划赶着羊群慢慢走，每天行进几英里，直到穿过约塞米蒂溪的盆地。然后，在茂密的松林中停留，一旦天气有变，他便能迅速带领羊群下山，到达山麓地带，因为那里的积雪从不会厚到让羊群无法呼吸的程度。当然，我渴望在余下的日子里，尽可能多地领略这片荒野的风采。我再次期盼那美好时光的到来——带着足够多的面包，随心所欲地待在这里，远离那些践踏草地的羊群。不过，我对这个食物充足、充满灵感、发人深思的夏日仍旧心存感激。无论如何，我们永远不知道我们将去往何方，也不清楚会得到怎样的指引——是人、风暴、守护天使，还是羊群。也许，就算是一点都不亲近自然的人，也会在无知无觉的情况下受到一些指引和庇护。整片荒野似乎充满了计策和方式，指引我们走向神圣的光明。

我一直在紧张地筹备着，为下一次在群山之间进行的激动人心的野外探险，烤制了足够多的面包。毫无疑问，无论人们多么急切地追求财富或名声，他们所感受到的幸福和喜悦，都比不上我对即将到来的旅程的期待和兴奋。

9月7日

拂晓时分，我便从营地启程，直奔雄伟的主教峰，打算从那里向东南方向探索，去探寻图奥勒米河、默塞德河和圣华金河的源头，以及那些高峰和山脊的奥秘。我穿梭在松林间，跨过图奥勒米河，穿过草地，攀爬着被茂密森林覆盖的斜坡——这些斜坡构成了图奥勒米盆地南部的天然屏障。我沿着主教峰东坡，一路向上，终于在正午时分抵达了峰顶。在攀登途中，我不时驻足凝视那些美丽的树木——扭叶松、西白松、矮松、银冷杉，以及所有常绿树中最为迷人、最为优雅的铁杉。在更高、更凉爽的地方，我发现了开花更晚的草甸、静谧的湖泊、雪崩留下的痕迹，以及森林线之上那些巨大的冰碛岩。

从广阔的草原到主教峰的山脚，沿途的地面铺满了冰碛石，这是昔日巨大冰川的遗迹，它们曾将图奥勒米盆地填得满满当当。在更高的地方，几处残存的冰川终碛堆，以直角之势，紧挨着图奥勒米主冰川那宏伟而简洁的侧冰碛。这里是探究山脉和土壤形成的理想地。站在主教峰的峰顶环顾四周，景色壮美，令人心旷神怡，无数的山峰、山脊、圆顶、草地、湖泊和森林尽收眼底。森林随着地形起伏，宽阔的田野上，冰川曾驻足的地方，如今生长着茂密的植被，而那些最高的山峰两侧，则长着稀疏的矮松，它们将根系扎进岩石的缝隙中，不依赖土壤也能生存。我发现，主教峰顶上那些酷似石南的植被，实际上是被雪压住的矮松，它们的高度虽只有三到四英尺，却显得异常古老。不少松树上挂满了松果，而喧闹的克拉克乌鸦正用它们啄木鸟般的长喙，啄食着松果中的松子。在山峰基部和峰顶之间，仍有无数花朵竞相绽放，尤其是一种黄花绒毛蓼属植物和一种美丽的翠菊。每一处景致都仿佛在低语着大自然的秘密，揭示着冰川打磨塑造这片壮丽的土地的过程。站在主教峰顶，我仿佛能窥见时间的流转，感受到自然的神力。主教峰的主山体近乎正方形，顶峰的坡度规则且对称，山脊向东北和西南方向延伸，这显然是由花岗岩的纹理结构所决定的。东北端的山墙雄伟而简洁，其基部有一大片雪堆，处在山峰的阴影里，所以终年不化。前方有许多尖顶山峰和一个高耸的塔尖形的山峰，造型精美，令人赞叹。在这里，岩石纹理不仅决定了山峰的形状、大小，还影响了它们的整体布局。巍峨耸立的主教峰，海拔约为一万一千英尺，其峰顶更是比周围山脊高出大约一千五百英尺。向西行进一两英里，便能看见一处迷人的湖泊，被冰川打磨过的花岗岩在湖畔熠熠生辉，岩石与湖水的界限在某些地方几乎看不清，两者皆是那般璀璨夺目。从峰顶俯瞰，那湖泊宛若一个银色的玉盘，草地和树林在眼前徐徐展开。我有幸找到了一个绝佳的观赏点，将特纳亚湖、云端峰、约塞米蒂的南穹顶、斯塔王峰、霍夫曼峰、默塞德峰以及沿山脉轴线南北延伸的无数雪峰尽收眼底。不过，在所有壮丽景色中，最为震撼人心的还是主教峰本身，这座大自然的神庙展示了造物主的鬼斧神工以及精妙绝伦的石头布道。我时常站在山丘和山脊上，透过森林的间隙凝望它，然后对它充满惊叹、仰慕、无限向往！可以说，这是我在加利福尼亚州期间第一次来教堂，最终被引领至此，每一扇门都为我这个孤独的朝圣者慷慨地敞开。在我们最美好的时光里，一切似乎都神圣了起来：整个世界宛如一座大大的教堂，山脉便是祭坛。看，在这主教峰前，神圣的锦绦花属植物现身了，正用她成千上万个花朵摇响甜美的铃声，这是我听过的最美妙的教堂音乐。我聆听着、欣赏着，直到傍晚时分才不情不愿地匆匆离去，向东攀过那崎岖、尖锐、破碎的山峰。它们都如同主教峰一般，由花岗岩构成，闪烁着晶体的光芒——长石、石英、角闪石、云母、电气石。我艰难地爬过一片冰雪覆盖的悬崖，坡度愈发陡峭，几乎到了难以攀爬的地步。在一处特别险峻的地方，我不慎滑倒，幸而及时用脚跟抵住了一块融化的冰面，才勉强稳住了身子，没有掉进巨大的冰裂缝里。我在一个小水潭旁扎了营，周围环绕着几株弯曲的矮松。我坐在篝火旁，准备记录这一天的所见所感，眼前那浅浅的水潭映照着满天繁星，似乎变得无比深邃，而火光映照下的岩石、树木、灌木丛、雏菊和莎草，仿佛都有了思想，随时都会开口说话，讲述它们在这片荒野中的传奇故事。这是一场意义深远的邂逅，每个生命都有一段值得聆听的故事。在火光之外，是庄严肃穆的黑暗，溪水唱着歌从雪地流向大河，令人心驰神往。当我们想到这些欢快的小溪一一汇入干流，再一路欢歌流向大海时，就不难理解它们为何如此生机勃勃、充满活力了！

傍晚时分，我看到一群灰褐色的麻雀在雪原上方的峭壁缝隙中栖息。多么迷人的小登山家啊！在离积雪八到十英尺的地方，我邂逅了一株正在绽放的莎草。从地面的情况来看，它沐浴在阳光下的日子不会超过一周，或许一个月后，它又将被新的积雪覆盖。这里的冬季十分漫长，约有十个月，而春、夏、秋三季则匆匆挤在余下的两个月里。在这荒野之中，孤独竟成了一种享受！一切都如此原始——纯净得如同天空一般！我将永远铭记这神圣的一天——主教峰上成千上万朵风铃般的锦绦花属植物的花儿，还有四周的美景，以及树林上方灰色峭壁间的营地、天上的星星、地上的小溪和积雪。

9月8日

我在图奥勒米河与默塞德河的源头一带攀爬、滑行了一整天。我征服了三座显眼的山峰，尽管无从知晓它们的名字；我跨过了数不清的溪流和广袤的冰雪地带。那些散落在高原和山谷间的湖泊，多得数不清，它们被溪流串联，如同珍珠般镶嵌在峡谷中——这是一片极端狂野的灰色荒原，遍布着参差不齐的峭壁、山脊和山峰，几朵云彩在山峰间飘荡，仿佛在寻找着什么。整体看去，这片荒原宛如一个古老的采石场，毫无生机，但在那些隐蔽的角落和花园般的小块草地上，却绽放着最迷人的花儿。这一天，我的爬山运动量足有过去三四天那么多。直到夕阳西下，我的手脚才略有一点疲惫。我终于下到了莱尔峰脚下的图奥勒米山谷上部，而营地还在八到十英里之外。我摸黑穿过松林，路过苏打泉穹顶，那里有不少倒下的树木，当享受美景的欢愉逐渐消退，我感到了极度的疲惫。晚上九点，我终于回到了主营地，很快便沉沉睡去，陷入了深深的梦境。

第十一章　返回低地

9月9日

疲惫渐消，我心中又燃起了去荒野探险的渴望，期盼着能再次踏上为期一两个月的奇妙旅程。然而，眼下我必须返回平原，所以只能默默祈祷，希望命运之神能再次把我带回这片山野。

山间探险过程中，我领悟到的最为深刻的道理便是岩石纹理裂缝对山脉整体风貌的塑造。侵蚀作用无疑是巨大的，但它所造就的是一种精妙的平衡之美。整体去看，即便是最狂野的景致，其特征也如同人脸的五官一样和谐相融。实际上，它们仿佛被赋予了人性，散发着一种知性的美，一种神圣的思想，就算被岩石和积雪所覆盖，也无法掩盖其深邃的内涵。

德兰尼先生几乎没有机会询问我旅途的感受，尽管整个夏季他都在支持并鼓励我去探险，甚至预言我有一天会名声大噪。这对一个从未想过、也不曾梦想过出名的荒野游子来说，无疑是一个奇异且难以置信的预言，因为我只是在谦卑地探寻、学习并接受大自然的教诲。

行囊已经备好，放在了马背上，羊群也踏上了归途，朝着大本营的方向缓缓前行。我们随之启程，穿过那片松涛阵阵的林海，告别了那片我们留恋许久的翠绿草地。我心中十分不舍，不知此生是否还有机会再次踏足这片土地。令人欣慰的是，尽管羊群来过，但草地依旧坚韧如初，几乎看不出被踩踏的痕迹。而且，羊儿们似乎并不喜欢那些柔软的冰川草地。今日晴空万里，无云亦无风，我不禁遐想，在其他海拔九千英尺的高地上，是否也能享有如此持久、宁静、明朗而和煦的天气。尽管难以想象会有多么剧烈的天气变化，我们还是因害怕毁灭性的风暴而离开了。

尽管现在河水处于低水位，但羊群过河时仍旧遇到了惯常的难题。每只羊似乎都宁愿死去也不愿沾湿自己的羊蹄。卡洛精通牧羊之道，观察它如何巧妙地推搡或吓唬那些笨羊下水，实为趣事。羊群被逼到了河岸边，终于有一只羊因无路可退而被迫涉水，随后整个羊群便突然一齐冲入河中，仿佛河水是它们梦寐以求的乐园。若非出于经济考量，人们大概宁愿牧狼也不愿牧羊。它们一爬上对岸，便开始咩咩叫着大嚼青草，仿佛刚才的事没有发生过一样。我们穿过草地，缓缓向山谷南缘的树林进发，那里正是我前往主教峰时路过的地方。晚上，我们在巨大的侧冰碛顶端的一个小水潭边上扎营。

9 月 10 日

天亮之际，两千只羊竟没了影踪。追踪它们的足迹，我们发现它们大概是受到熊的惊吓而分散开了。数小时后，羊儿们被一一寻回，重新聚拢成群。我还看到了一只迷人的鹿，与那些傻里傻气、脏乎乎、乱糟糟的羊相比，它显得那么优雅、完美！站在高处向北望去，眼前展开的是一幅波澜壮阔的画卷——连绵起伏的山峦如同海浪一般，被松树环绕，尖峰耸立，虽然略显荒凉，却也充满了生命的活力。又是一个宁静无云的日子，早晚的天空被染成了紫色。在过去两三个星期里，晚霞尤为绚丽，这或许就是所谓的“黄道光”吧。

9 月 11 日

天空无云，大地被披上了一层薄霜，四周一片寂静。我们继续下山，在特纳亚湖西端的草地上安营扎寨——这真是一个迷人的地方。湖面平静得如同一面镜子，倒映出数英里被冰川打磨得光滑平整的岩面及险峻的山墙。翠菊仍在绽放。这里海拔约八千英尺，是矮黄鳞栎生长的极限，比加利福尼亚黑栎树（Quercus Californica）的生长高度要高出大约两千英尺。傍晚时分，景色美得令人心醉，天黑后，湖中倒映的景象更是令人印象深刻。

9 月 12 日

今天万里无云，阳光澄澈。我再次漫步于那片壮丽的银冷杉树林，距离约塞米蒂的边缘仅两英里，因有熊出没而名声大噪的葡萄牙营地。这一带灌木丛生，黄鳞栎、熊果和美洲茶属植物随处可见，而在海拔相差无几的图奥勒米草地附近却难觅它们的踪影。虽说这里的扭叶松不像图奥勒米草地那么多，但它们在沼泽地旁和溪流边却长到了最大尺寸，十分壮观。银冷杉占据了这片区域上最优质的干燥土地，并达到了最大尺寸，形成了一道道清晰分明的森林带。它们真是树中的佼佼者。今晚，我将枕着这株银冷杉的枝丫安然入睡。

9月13日

今晚，我们在约塞米蒂溪边扎营，营地建在之前营地附近的一片沙地上。周围的草木已染上了秋日的棕黄，显得憔悴而颓废，溪水也几近干涸。扭叶松那优雅的身姿，是我见过的最迷人的景致。初看之下，或许会误把它认作其他树种，其实，它不过是一个变种罢了。这种误解，多半是因为它在肥沃的土壤中，生长得过于密集，成长得过于迅速。西黄松的变种同样如此，甚至更为显著。无论是在这里，还是在海拔一千英尺的破碎岩石上，西黄松的枝丫都非常宽阔，它红色的树皮上呈现出深邃的沟壑，松果硕大，针叶修长。它是松树中极为耐寒的品种之一，生命力异常旺盛。它们的针叶在阳光下熠熠生辉，当风儿轻轻拂过，将那些修长且坚韧的针叶吹拂至同一侧，便形成了山间令人叹为观止的景观之一。这种西黄松的变种，被一些植物学家视为一个新的独立物种——杰弗里松（Pinus Jeffreyi）。这条著名的约塞米蒂溪所流经的河谷，布满了巨石，宛如铺满了大鹅卵石的街道。我不知道是否有幸能够探索它的奥秘。它对我的诱惑如此之大，我愿意不惜一切代价去揭开它的面纱，聆听它的教诲。感谢上苍，让我能一睹它的风采。这些山脉的魅力远超常理，它们神秘莫测、难以言喻，宛若生命本身。

9月14日

今天几乎一整天都是在壮丽的冷杉林中度过的。冷杉树顶的枝条上满是直立的灰色圆锥形球果，如珍珠般晶莹剔透。松鼠们忙碌地采摘着，准备它们过冬的粮食。它们的动作敏捷而有节奏，我听到果实落地的声响。那些被遗落的果实，成熟后会脱落，紫色的种子随风飘扬，寻找着它们未来的归宿，这景象让人心旷神怡。森林里每一棵树的树干和枯枝，都被鲜艳的黄色地衣所覆盖，如同披上了一层华丽的外衣。

今夜，我选择在瀑布溪旁安营扎寨，邻近默诺小径路口处。熊果的果实如今已然成熟，十分甘甜诱人。今天的天空，云量约为百分之十，日落时分，夕阳的余晖透过林间缝隙，映照出一片绚烂的紫色与绯红。

9 月 15 日

天气晴朗，阳光宛如纯色的黄金，云量约为百分之五，只在地平线附近点缀着几抹白色的卷云。我轻装简行，行进了两三英里，最终在落叶松平原落脚扎营。漫步松林，我有幸遇见了一些伟岸的银冷杉，它们中的佼佼者高两百四十英尺，离地四英尺处的树干直径足有五英尺。

9 月 16 日

今天的行程缓慢而宁静，在壮丽的森林中穿行了四五英里，我到达了仙鹤平原，并决定在此扎营。夏日里让我赞叹不已的森林，如今已然更加美丽。夜幕中，星辰璀璨，树梢在夜空中勾勒出深邃的剪影。我在篝火旁徘徊，不愿去睡。

9 月 17 日

清晨，我在德兰尼先生的引领下，从营地出发，跨过图奥勒米分水岭，沿着山路下行几英里，终于来到了那片早有耳闻的红杉林。这片林子不足百亩，却孕育着不少古老巨木，它们巍然矗立，四周环绕着俊逸的兰伯氏松和挺拔的花旗松。那些幸免于山火，没有被折断的树木，身姿挺拔，既规整又对称。它们虽然呈现出多种形态，但整体看去又是那般和谐统一。这些挺立的大树，有着紫褐色的树皮，纹理深邃，从地面往上约莫一百五十英尺的高度，几乎没有枝丫，偶尔点缀着几片绿叶。最古老的树木的树枝非常大，弯曲而粗糙，它们的枝丫僵硬地向外伸展，看似杂乱无章，却在离树干不远的地方，意外地弯曲成一团浓密的枝叶，形成一种既规则又多变的轮廓。这轮廓宛如一个巨大的圆柱形喷泉，顶端则汇聚成一顶尊贵的圆顶，覆盖在茂密的松林、杉林和云杉林上，与天空相接，使它们成为针叶林中的王者。它不仅以庞大的体积取胜，更以庄严高贵的姿态赢得了这一尊称。我还发现一个烧焦了的黑色树桩，直径约三十英尺，高八十到九十英尺——这是一棵曾统领过整片森林的古老巨树的遗迹；四周，嫩芽和幼树正迸发出勃勃生机，说明它们的种族绝然没有面临灭绝的危险。威胁这些高贵的自然之子的，不是无常的气候，而是无情的山火。遗憾的是，我未能细数这棵古树的年轮。

今夜，我选择在榛林绿地落脚，它位于分水岭宽阔的山脊上，紧邻着我们春季上山时的老营地。这片山脊上，有我在这个奇妙的夏日旅程中所见过的最美的兰伯氏松林，以及最茂盛的熊果灌木丛和美洲茶灌木丛。

9 月 18 日

我们在分水岭的南坡一路跋涉，终于抵达了布朗平原。那片宏伟的森林已被我们远远地抛在了身后，尽管如此，兰伯氏松依旧长得很茂盛，它们与西黄松、香肖楠属和花旗松一起构成了无论在任何地方都足以让人赞叹的森林。

当地的印第安人指着平原上的一块废弃园地，神情庄重地告诫我们千万不要靠近那里。或许，那里安葬着他们部落的人。

9 月 19 日

今夜，我们在史密斯锯木厂扎营，这处山间平台是我们上山途中遇到的首个宽阔之地。松树在这里茁壮成长，高大挺拔的松树是上好的木料。这里的小麦、苹果、桃子、葡萄，无不生机勃勃，主人热情地款待我们，并奉上了葡萄酒和苹果。尽管我对葡萄酒并不感兴趣，但德兰尼先生、印第安牧羊人及另一位牧羊人却对其赞不绝口，仿佛它是神圣的甘露。与那从天而降、清新无比的山泉水相比，这葡萄酒显得黯然失色、浑浊不堪。不过，苹果却是水果中的至宝，是人神共享的绝妙佳果，它的美味无与伦比。

去往布朗平原途中，我们在鲍尔洞略作停留，我在里面遛达了整整一个钟头。这个洞穴，是大自然所有地下宫殿中最神奇、最引人入胜的一个。阳光透过长在洞口的四棵枫树的枝叶，洒落进来，照亮了清澈见底的水潭和洁白如玉的大理石岩壁。这个地方美得令人心醉。遗憾的是，那些可以碰触到的洞穴墙壁上，被破坏者写上了名字，破坏了这里的美景。

9月20日

天气依旧明媚宁静，只是热得让人有些难以忍受。我们已然到了山脚下，除了那些灰蒙蒙的赛宾松，其他的针叶树都已经不见了踪影。今晚，我们选择在荷兰男孩农场扎营过夜，这里曾是一片一望无际的大麦田，现在只剩下了飞扬着尘土的麦茬。

9月21日

今日的酷热让人难以忍受，尘土在空中肆意飞扬，阳光炙烤着大地。我们在这个荆棘遍布、灌木丛生的地方徘徊，却一无所获。于是，我们踏上了漫长的旅程，在日落之前，终于抵达了黄色的圣华金平原上的大本营。

9月22日

今早，我们把羊逐一放出畜栏，进行清点。奇怪的是，经过在崎岖不平的岩石、灌木和溪流中的冒险游荡，经历了被熊追逐，以及因为误食杜鹃叶、美国熊果和碱性土而中毒之后，羊群居然安然无恙地回到了羊圈。春天出发时的两千零五十只羊瘦弱不堪，但归来的两千零二十五只羊儿无不膘肥体壮。在这次长途旅行中，我们失去了十三只羊：十只因熊的攻击而丧生，一只不幸被响尾蛇咬伤殒命，一只在陡峭的山坡上折断了腿，一只在惊慌失措中脱离羊群跑丢了。至于其余十二只羊，有的被卖给了牧场主，有的在营地成了我们的腹中餐。

这段旅程令我终生难忘，因为它是我首次去内华达高山探险。我徜徉在璀璨的山脉间，它是大自然匠心独运的杰作，洋溢着光明与美好。在这片荣耀之地，我心中充满了喜悦、感激与希望，期盼着有朝一日能再次踏上这片神圣的土地。